MANUEL

DE

POLICE JUDICIAIRE

PAR

H.-R. LEBRUN

INSPECTEUR PRINCIPAL AU SERVICE DE LA SURETÉ

OFFICIER D'ACADÉMIE

CHEVALIER DE L'ORDRE DE LA COURONNE D'ITALIE

Publié avec l'assentiment de M. le Préfet de Police

PARIS

LIBRAIRIE NOUVELLE DE DROIT ET DE JURISPRUDENCE

Arthur ROUSSEAU

ÉDITEUR

14, RUE SOUFFLOT ET RUE TOULLIER, 13

—

1907

MANUEL

DE

POLICE JUDICIAIRE

MANUEL

DE

POLICE JUDICIAIRE

PAR

H.-R. LEBRUN

INSPECTEUR PRINCIPAL AU SERVICE DE LA SURETÉ

OFFICIER D'ACADÉMIE

CHEVALIER DE L'ORDRE DE LA COURONNE D'ITALIE

Publié avec l'assentiment de M. le Préfet de Police

PARIS

LIBRAIRIE NOUVELLE DE DROIT ET DE JURISPRUDENCE

Arthur ROUSSEAU

ÉDITEUR

14, RUE SOUFFLOT ET RUE TOULLIER, 13

1907

Paris, le 22 février 1907.

A Monsieur Octave Hamard, commissaire divisionnaire chef du service de sûreté, 36, quai des Orfèvres, Paris.

Monsieur,

Votre subordonné a l'honneur de vous déposer le Manuel qu'il vient de rédiger à l'usage des fonctionnaires de l'ordre public, en vous priant de bien vouloir le soumettre à l'assentiment de M. le **Préfet de Police.**

Comme l'attestent les lettres de MM. Le Poittevin, Albanel et Leydet, juges d'instruction au Tribunal de la Seine et celles de Mes Henri Robert et Simon-Juquin, avocats à la Cour d'appel de Paris, ces messieurs ont été d'accord pour reconnaître que cet ouvrage contient les données courantes de droit pénal utiles et que nos inspecteurs doivent posséder pour remplir les missions qui leur sont confiées.

En vous remerciant à l'avance, permettez-moi, Monsieur le Commissaire divisionnaire, de vous prier de bien vouloir agréer l'hommage de mon profond respect.

H.-R. LEBRUN,
Inspecteur principal au service de la sûreté,
36, quai des Orfèvres, Paris.

PRÉFECTURE
DE POLICE
—

CABINET
du
CHEF DE LA SURETÉ
36, Quai des Orfèvres
—

RÉPUBLIQUE FRANÇAISE
——

Paris, le 8 mars 1907.

Mon cher Lebrun,

Depuis bientôt trois ans que je vous ai placé à la tête de la section de permanence du service, vous vous êtes constamment montré un excellent éducateur pour nos jeunes agents.

Votre « Vade-mecum » que j'ai lu avec un vif intérêt constituera pour eux une suite fructueuse des leçons pratiques que vous leur avez données et leurs successeurs y puiseront l'enseignement nécessaire du métier difficile et souvent périlleux, auquel ils se sont consacrés pour assurer la sécurité publique.

En vous adressant mes cordiales félicitations pour vos précieux et longs efforts, je vous renouvelle l'expression de ma sympathie et de ma confiance affectueuse.

Le Commissaire divisionnaire,
chef du service de sûreté,
Signé : O. HAMARD.

CABINET

D'INSTRUCTION

—
TRIBUNAL DE PREMIÈRE INSTANCE

DU

DÉPARTEMENT DE LA SEINE.

Paris, le 22 février 1907.

Mon cher Monsieur Lebrun,

Au moment de publier votre livre, vous vous êtes demandé s'il répondait bien au but que vous vous étiez proposé et si votre exposé des règles essentielles de droit pénal et de l'instruction criminelle reflétait exactement le dernier état de la doctrine et de la jurisprudence.

Ces préoccupations suffiraient presque pour montrer que vous avez fait une œuvre sérieuse et consciencieuse ; en effet, ceux-là seuls qui ont patiemment étudié leur sujet, ont de pareils scrupules, quand approche l'heure de la publication.

J'ai lu complètement votre manuscrit et cette lecture n'a fait que confirmer mon impression première.

Vous pouvez être complètement rassuré : vous avez fait là un excellent manuel qui, sous une forme simple et concise, sera appelé à rendre à tous les agents de la sûreté, de véritables services. Il sera pour eux un guide des plus sûrs ; d'une part, je connais de longue date votre grande expérience, et nul ne pouvait mieux les renseigner sur tous les détails techniques ; d'autre part, il était indispensable que leur éducation professionnelle fût complétée par des notions juridiques ; vous les leur donnez sous une forme simple et très précise, ce qui leur permettra de mieux se rendre compte de la façon dont ils doivent accomplir leur mission dans la constatation des infractions.

Nous avons revu ensemble toute la partie de votre livre consacrée au droit pénal et à l'instruction criminelle, et je me suis assuré que vous aviez tenu un compte exact des changements survenus dans la législation et la jurisprudence.

Je vous adresse tous mes vœux pour le succès complet de votre excellent « manuel » et je serai très heureux d'apprendre qu'ils se sont promptement réalisés.

G. Le Poittevin,
Juge d'instruction.

CABINET

D'INSTRUCTION

—

TRIBUNAL DE PREMIÈRE INSTANCE

DU

DÉPARTEMENT DE LA SEINE.

Paris, le 27 novembre 1906.

Mon cher Monsieur Lebrun,

Le travail si complet et si précieux que vous avez fait pour vos subordonnés est d'autant plus intéressant qu'il est le fruit de votre longue expérience.

Les magistrats eux-mêmes pourraient le consulter très utilement, car il renferme tout ce qui peut servir de trait d'union entre la justice et la police judiciaire dont il est le précieux vade-mecum.

Je souhaite à ce livre tout le succès qu'il mérite et à son auteur tout le bien dont il est digne.

LOUIS ALBANEL,
Juge d'instruction.

CABINET

D'INSTRUCTION

—

TRIBUNAL DE PREMIÈRE INSTANCE

DU

DÉPARTEMENT DE LA SEINE.

Paris, le 30 novembre 1906.

Mon cher Monsieur Lebrun,

La lecture du Manuel que vous destinez aux inspecteurs de police m'a vivement intéressé.

Dans un cadre bien ordonné, vous avez réparti, avec la compétence qui dérive d'une longue pratique de la Sûreté, les règles qui président à l'organisation et au fonctionnement de ce corps si utile à la justice et les données courantes de droit pénal dont ses agents doivent s'inspirer.

Pour modeste que soit son titre, l'entreprise n'en est pas moins aussi profitable que méritoire.

Je suis heureux de joindre mon attestation à celle de mes collègues, et d'apporter à l'auteur ma personnelle expression d'estime quand va prendre fin une carrière toute de dévouement au devoir professionnel.

LEYDET,
Juge d'instruction.

98, Boulevard Pereire

Cher Monsieur,

Je vous remercie de m'avoir communiqué les bonnes feuilles de votre Manuel.

C'est un ouvrage éminemment utile et pratique, qui rendra les plus grands services.

Je suis heureux de joindre mes vives félicitations à celles de MM. Le Poittevin, Leydet et Albanel.

Je suis convaincu que votre Manuel sera lu avec beaucoup d'intérêt et de profit par tous ceux qui appartiennent au service de la sûreté et je vous souhaite de tout cœur un grand succès.

HENRI ROBERT,
Avocat à la Cour d'appel de Paris.

1er décembre 1906.

107, Boulevard Saint-Germain
        Téléph. 803-20

Mon cher Principal,

Vous venez de faire le livre indispensable non
seulement à vos collègues et subordonnés, mais
encore à tout le monde du Palais.

On n'avait donc jamais pensé à ce « Vade-mecum » qui semble, comme toutes les œuvres très
bonnes et très utiles maintenant qu'il est fait, avoir
toujours existé ?

A vous donc le double mérite et d'y avoir pensé
et de l'avoir écrit, vous l'avez même écrit juste,
comme il convenait, c'est-à-dire avec une clarté et
une concision parfaites.

Votre bien dévoué,

SIMON-JUQUIN,
Avocat à la Cour.

1er décembre 1906.

PRÉFACE

Les nombreuses années que j'ai passées au service de la Sûreté m'ont permis d'apprécier ce qu'il était utile aux Inspecteurs de Police de connaître pour pouvoir accomplir avec succès les mandats et missions qui leur sont confiés.

Leur rôle ne peut plus être comparé à celui qui leur était dévolu à l'origine du service de la Sûreté ; par l'extension qui lui a été donnée, ils sont devenus, en raison de la nature et de l'importance des enquêtes dont ils sont quotidiennement chargés, les principaux auxiliaires directs du Parquet et de la Justice.

C'est pour les aider dans l'accomplissement de ce devoir parfois difficile, toujours utile, que je me suis permis d'écrire ce *Manuel* où j'ai rassemblé les diverses connaissances administratives et juridiques qui m'ont paru devoir constituer le fonds de leur instruction pratique.

Avant de rédiger ce modeste Vade-Mecum, mes collègues, brigadiers, sous-brigadiers et inspecteurs de notre service, comme tous les fonctionnaires de la police judiciaire ne possédaient aucun règlement qui déterminât leurs droits et leurs devoirs.

Lorsque l'idée me vint de préparer cet ouvrage, ma première intention fut de condenser quelques notes générales, mais, en parcourant les codes d'instruction criminelle et pénal, j'ai constaté que les fonctionnaires de l'ordre public avaient une très grande responsabilité et qu'il y avait intérêt à définir nettement leurs attributions.

Depuis vingt-cinq ans que j'ai l'honneur d'appartenir au service de la Sûreté, combien de fois ai-je entendu les jeunes débutants demander à leurs collègues plus anciens : « Pourquoi fait-on cela ? » — La réponse était invariable : « On procède ainsi, parce que cela s'est toujours fait ainsi ».

J'engage donc tous mes camarades à étudier attentivement ce travail que j'ai divisé en titres et sous-titres, pour en rendre la lecture plus facile, et j'attire surtout leur attention sur la tentative, les règles de la complicité et la théorie des mandements de justice, qui devront frapper leur esprit, sans préjudice d'une étude approfondie sur les caractères distinctifs et les éléments constitutifs des crimes et des délits.

Je tiens à remercier tout particulièrement M. Le

Poittevin, juge d'instruction au Tribunal de la Seine, du grand honneur qu'il a fait à l'auteur et à l'ouvrage, en acceptant d'en réviser le manuscrit pour la partie juridique.

Qu'il reçoive donc ici mes plus sincères remerciements.

Je remercie également M. Bertillon, chef du service de l'Identité judiciaire, qui a bien voulu rédiger, à mon intention, une note très complète sur le signalement descriptif et le portrait parlé. Mes collègues trouveront dans son intéressant travail des documents du plus haut intérêt.

Je suis heureux que M. Octave Hamard, commissaire divisionnaire, chef du service, m'ait permis d'offrir à mes camarades ce modeste travail que je leur dédie dans leur intérêt professionnel et dans celui du service de la Sûreté auquel nous sommes tous si profondément attachés.

Paris, 36, Quai des Orfèvres, le 18 mars 1907

H.-R. Lebrun,
Inspecteur principal au service de la Sûreté.

MANUEL DE POLICE JUDICIAIRE

CHAPITRE PREMIER

SERVICE DE LA SURETÉ

§ 1. — Organisation.

Le service de sûreté comprend actuellement :

Direction :

Commissaire divisionnaire, chef du service . .	1
Commissaire de police, sous-chef.	1
Chef des bureaux, chargé de la partie adminis-trive.	1
Secrétaires	2

Cadre :

Inspecteurs principaux.	5
Brigadiers.	12
Sous-brigadiers	35
A reporter	57

Report. . ♣ 57

Titulaires :

Inspecteurs de 1re classe 124

Inspecteurs de 2e classe 42

Inspecteurs de 3e classe. 54

Inspecteurs de 4e classe. 50

Stagiaires :

Inspecteurs stagiaires 13

Total. 340

Nota. — Dans cet effectif, n'est pas compris celui de la Brigade mobile, bien que ce service soit placé directement sous les ordres de M. le commissaire divisionnaire, chef du service de la sûreté.

Les inspecteurs du service de sûreté sont exclusivement recrutés parmi les anciens sous-officiers et soldats ayant obtenu, en quittant le régiment, un certificat de bonne conduite.

Ils ne doivent avoir encouru aucune condamnation, même la plus légère : leur passé doit être irréprochable à tous les points de vue.

Avant d'être nommés à titre définitif, les inspecteurs sont tenus de faire un stage d'au moins un an. Ceux qui, à l'expiration de ce temps d'épreuve, paraissent dépourvus des aptitudes requises, sont purement et simplement rayés des contrôles du personnel.

Ce stage préparatoire est réglé par les deux arrêtés suivants :

Nº 1

Recrutement des Inspecteurs.

—

PRÉFECTURE DE POLICE

—

Secrétariat général

—

PERSONNEL

—

Nº 3427

Paris, le 31 décembre 1906.

Le Préfet de Police

Vu l'avis du Directeur général des recherches.

Arrête :

ART. 1er. — A dater du présent arrêté, nul ne sera définitivement admis dans le service des Inspecteurs de la Direction générale des recherches sans avoir subi un stage qui sera d'une année au moins et qui pourra, comme il est indiqué ci-dessous, être prolongé d'une autre année.

ART. 2. — Tout inspecteur stagiaire dont la conduite et les aptitudes auront donné satisfaction à ses chefs, sera titularisé à l'expiration de la première année de stage.

ART. 3. — Une seconde année pourra être imposée à ceux dont les notes de service laisseraient à désirer, sans être cependant de nature à motiver l'exclusion.

ART. 4. — L'administration fera cesser, soit à la fin de la première année, soit à la fin de la deuxième, soit à n'importe quel moment du stage, le service de tout stagiaire qui serait reconnu incapable d'exercer ses fonctions ou dont la conduite aurait donné prise à des remarques défavorables.

Les articles 3 et 4 ont été modifiés par un arrêté en date du 14 décembre 1902 :

N° 2.   Paris, le 14 décembre 1902.

Le Préfet de police,

Attendu qu'il y a lieu de modifier certaines dispositions, de l'arrêté du 31 décembre 1900, portant création de l'emploi d'inspecteur stagiaire à la Direction générale des recherches.

Vu l'avis du Directeur général des recherches,

         Arrête :

ART. 1er.— Les articles 3 et 4 de l'arrêté susvisé du 31 décembre 1900 sont rapportés et remplacés par l'article suivant qui recevra son effet à dater du 15 décembre 1902 :

ART. 2. — Les inspecteurs stagiaires recevront un traitement de 1.900 francs par an, soumis à une retenue provisoire de 5 0/0, en vue de l'admission éventuelle à la retraite.

Ils recevront l'indemnité d'habillement de 120 francs par an.

Ils ne participeront pas à la répartition des services payés ni à celle des gratifications de fin d'année.

La retenue provisoire deviendra définitive au moment de la titularisation et sera versée à la Caisse des dépôts et consignations pour permettre de faire remonter à la date de leur admission au stage celle de leur titularisation.

Dans le cas où ils viendraient à cesser leur service avant la titularisation, l'administration restituerait aux inspecteurs stagiaires, au moment de la liquidation de leur compte, le montant de la retenue provisoire effectuée sur leur traitement.

                         Le Préfet de Police,
                         Signé : LÉPINE.

Pour ampliation :
Le Secrétaire général,
   Signé : LAURENT.

Le personnel du service de sûreté est réparti en sept brigades distinctes, savoir :

Brigade spéciale,

Notes et mandats,

Voie publique,

Réquisitoires,

Brigade centrale,

Brigade mobile,

Services administratifs.

La Brigade spéciale comprend :

1 Inspecteur principal.

4 Brigadiers.

6 Sous-brigadiers.

19 Inspecteurs.

Elle s'occupe plus particulièrement des grandes affaires, assassinats, vols importants, fabrication et émission de fausse monnaie ou de faux titres, affaires financières délicates ; elle est de plus chargée de la recherche soit en France, soit même à l'étranger, des individus qui, ayant commis de graves méfaits à Paris ou dans le département de la Seine, ont pu échapper aux premières investigations de la police.

La Brigade des notes et mandats comprend :

1 Inspecteur principal,

1 Brigadier,

6 Sous-brigadiers,

48 Inspecteurs.

Elle est chargée des enquêtes, informations et recherches prescrites par notes administratives et judiciaires ; de la recherche et de l'arrestation des individus se trouvant sous le coup d'un mandat ou d'un jugement ; de la recherche et de l'arrestation des déserteurs des armées de terre et de mer et des insoumis à la loi militaire.

La Brigade de la voie publique comprend :

1 Inspecteur principal,
2 Brigadiers,
10 Sous-brigadiers,
48 Inspecteurs.

Elle a pour mission plus spéciale de surveiller et d'arrêter les pickpockets, les roulottiers, les voleurs à l'étalage, les cambrioleurs, les voleurs à l'américaine, de rechercher les recéleurs, les interdits de séjour et les expulsés et de réprimer tout flagrant délit se commettant sur la voie publique.

La Brigade des réquisitoires comprend :

1 Sous-brigadier,
10 Inspecteurs.

Elle est spécialement affectée à l'exécution des réquisitoires du procureur de la République ou du procureur général relatifs aux individus contre lesquels la contrainte par corps a été prononcée pour non-paiement d'amendes, de frais de justice ou de dommages-intérêts envers une partie civile.

Menacés d'une arrestation immédiate, la plupart de ces débiteurs récalcitrants se décident à s'acquitter de leur dette en une seule fois ou par acomptes et ils opèrent leurs versements entre les mains des agents des réquisitoires chargés de les appréhender.

C'est à cette même brigade qu'incombe le soin de rechercher et d'arrêter tous les individus condamnés à la prison par le tribunal de simple police et qui ne se sont pas constitués à la réquisition du ministère public.

La Brigade centrale se compose de :

1 Inspecteur principal,

3 Brigadiers,

5 Sous-Brigadiers,

111 Inspecteurs.

Elle est chargée d'assurer, jour et nuit, le service dit « *de permanence* » qui a pour but de parer immédiatement à toutes les éventualités, recherches et arrestations de malfaiteurs signalés par les particuliers, les commissaires de police, le Parquet de Paris ou les parquets des départements ; renseignements à recueillir d'urgence, surveillances protectrices des personnes menacées de mort ou de voies de fait ; surveillances des individus réputés dangereux ou paraissant atteints de troubles cérébraux de nature à faire redouter des accès de folie furieuse, mais dont l'état actuel ne nécessite pas un internement immédiat ; extractions de détenus, conduites d'étrangers aux consulats de leur pays aux fins

de rapatriement ; enfants égarés à ramener à leurs
parents ; convocations urgentes de témoins ; garde des
individus arrêtés et momentanément conservés au service de sûreté en vue d'une confrontation ou d'un sup-
plément d'information ; surveillances dans les bureaux
de postes pour découvrir les auteurs de certaines manœuvres de chantage, etc.....

Chaque jour, en outre, de nombreux inspecteurs de
cette brigade sont mis à la disposition des commissariats de police de quartier ou des juges d'instruction
qui en font la demande, en vue d'opérer des arrestations
immédiates, de prendre des renseignements ou de procéder à des enquêtes urgentes.

Cette brigade fournit aussi un service permanent de
surveillance dans différents établissements publics,
notamment au Ministère des finances, à la Banque de
France, ainsi que dans certains commissariats et autres
services de l'administration centrale.

Une section de cette même brigade a pour mission
d'assurer la répression du braconnage à Paris et dans
les départements.

La **Brigade mobile** est directement placée sous les
ordres de M. le commissaire divisionnaire, chef du service de sûreté.

Celle-ci divisée en deux sections, une pour le service
de la voie publique, l'autre pour la répression des
mœurs comprend :

 1 Commissaire de police, chef,

 1 Secrétaire,

 1 Inspecteur principal,

 4 Brigadiers,

 7 Sous-brigadiers,

62 Inspecteurs,

 1 Inspecteur stagiaire,

30 Inspecteurs en subsistance.

La section dite de « *Voie publique* » est spécialement chargée de la répression du vagabondage et de la mendicité ; elle procède à des rondes de jour et de nuit sur les points signalés comme lieux de rendez-vous des vagabonds et des gens sans aveu.

La section dite « *des Mœurs* » est chargée de la répres de la prostitution sur la voie publique, de la surveillance des maisons de tolérance au point de vue des règlements administratifs ; elle doit également rechercher les endroits où l'on se livre habituellement à la prostitution clandestine, comme débits de boissons, garnis, etc..., et les signaler à l'administration qui, le cas échéant, fait procéder à une descente par les soins d'un commissaire de police.

C'est à cette même brigade qu'incombe aussi la mission de rechercher et de mettre à la disposition de la préfecture les filles inscrites qui ne se présentent pas régulièrement à la visite sanitaire ; de livrer à la justice les individus qui font le commerce des photographies obscènes ; de surveiller et d'arrêter les souteneurs, lors-

1.

qu'ils se trouvent dans les conditions prévues par la loi
et enfin de rechercher et de mettre à la disposition de
la justice les individus qui se livrent à la traite des blan-
ches.

Le service des bureaux comprend :

- 1 Chef des bureaux,
- 2 Brigadiers,
- 6 Sous-brigadiers,
- 63 Inspecteurs faisant fonctions de commis.

Le travail de ces employés consiste dans la réception,
l'analyse et l'enregistrement de tous les procès-verbaux,
notes et pièces de justice adressés à la sûreté par les
commissaires de quartier et le Parquet ; l'examen de ces
documents et leur distribution dans les diverses brigades, l'examen et la correction des rapports des inspecteurs, la rédaction et l'expédition des rapports destinés
aux autorités administratives et judiciaires ; le classement des photographies de tous les individus qui ont été
écroués au dépôt ; le classement des dossiers, l'établissement et le classement des fiches de tous les individus
dont la sûreté est appelée à s'occuper soit à titre de plai-
gnants, soit comme inculpés ; le relevé d'état civil de
toutes les personnes amenées au dépôt, prévenus, filles,
aliénés ; le service télégraphique et téléphonique ; le
relevé statistique des opérations journalières du service,
ainsi que la comptabilité générale de la caisse de ce service ; paiement des appointements et des gratifications,

remboursement de dépenses faites par les inspecteurs à l'occasion des diverses missions qui leur sont confiées ; primes pour arrestations, etc...

Les différents grades hiérarchiques pour ces attributions sont conférés à la suite d'un examen technique, mais il est surtout tenu compte des qualités professionnelles, du mérite personnel, de l'autorité morale et de l'ancienneté de service.

ORDRES PERMANENTS

Ordre n° 373.

Le commissaire de police, chef du service de sûreté, rappelle aux agents placés sous ses ordres, qu'ils sont tenus de prévenir leur chef de brigade, chaque fois que, pour un motif quelconque étranger au service, ils doivent passer la nuit hors de leur domicile.

Paris, le 1er avril 1899.

Ordre n° 421.

Le commissaire de police, chef du service de sûreté, rappelle au personnel placé sous ordres, qu'il est expressément défendu de conduire dans un établissement public, soit pour y consommer, soit pour y prendre un repas, tout individu venant d'être arrêté en vertu d'une pièce de justice ou en flagrant délit.

Paris, le 2 février 1900.

Ordre n° 441.

Il est expressément défendu aux inspecteurs de la sûreté de procéder à l'arrestation de qui que ce soit en vertu d'un ordre verbal d'un magistrat, juge d'instruction ou commissaire de police, à plus forte raison, d'un secrétaire près les commissariats.

Paris, le 2 juin 1900.

Ordre n° 465.

A l'avenir, les agents qui seront chargés par le substitut de service de nuit d'aller porter un pli à un juge d'instruction, devront s'y rendre en voiture, pour que le juge puisse s'en servir, s'il y a lieu à transport immédiat.

L'agent demandera donc au juge s'il a besoin de la voiture, et s'il sort, il l'accompagnera, à moins que ce magistrat n'en décide autrement. Si le juge ne garde pas la voiture, l'agent s'en servira pour rentrer au service et la paiera.

Pour le remboursement de cette dépense, on présentera dès le lendemain un réquisitoire au juge chez lequel l'agent s'est rendu.

Paris, le 15 novembre 1900.

Ordre n° 480.

A différentes reprises, des inspecteurs de la sûreté

n'ayant pas rencontré chez elles les personnes auprès desquelles ils étaient chargés de recueillir des renseignements, leur ont laissé à découvert, chez leur concierge, un billet les invitant à se présenter au service.

Cette manière de procéder est absolument incorrecte et le chef de la sûreté, qui l'a déjà interdite formellement, renouvelle ses prescriptions à ce sujet.

Des lettres de convocation imprimées sont mises à la disposition des inspecteurs pour prier de passer au service les personnes qui ne peuvent être consultées à domicile et ces lettres doivent être placées sous enveloppes fermées ne portant aucun signe extérieur.

Toutefois l'usage de ces convocations devenant abusif, les inspecteurs ne devront plus y avoir recours qu'après avoir consulté leurs chefs qui en apprécieront la nécessité.

Paris, le 16 mars 1901.

Circulaire relative aux oppositions.

A la date du 6 mars 1903, la circulaire dont copie suit, a été adressée à MM. les chefs de service en les priant d'informer les agents placés sous leurs ordres que ceux qui enfreindraient ces dispositions seraient immédiatement relevés de leurs fonctions :

« A la suite d'observations formulées par la Caisse des « dépôts et consignations concernant le service des « oppositions, M. le Préfet de police a pris, à la date de « ce jour, une décision aux termes de laquelle il est

« désormais interdit d'une façon absolue à tous les
« employés de l'administration de déléguer, céder ou
« transporter une partie quelconque de leurs appointe-
« ments et à la comptabilité de recevoir aucune signifi-
« cation de saisie-arrêt sur les traitements autrement
« que sous forme d'opposition régulière. »

Plusieurs agents ayant ces jours derniers fait une
cession sur la partie disponible de leurs appointements,
MM. les chefs de service sont priés de vouloir bien
rappeler au personnel placé sous leurs ordres, que celui
qui enfreindra cette décision,sera impitoyablement rayé
des cadres de l'administration.

Paris, le 14 décembre 1903,

Le Directeur général des recherches (p. int.).
MOUQUIN.

Prescriptions du service médical.

Le service médical fait connaître qu'à diverses reprises des inspecteurs malades ne se présentant pas à la
visite du médecin divisionnaire ont argué de leur igno-
rance du lieu et des heures de visite, ainsi que de l'obligation dans laquelle ils se trouvaient,de se rendre à cette
visite, leur état de santé le leur permettant.

En vue d'obvier à cet inconvénient, MM. les chefs de
service de la Direction générale des recherches sont priés
de faire afficher dans les locaux de leur attribution un

état des lieux et heures de visite avec instruction faisant connaître que les inspecteurs doivent, si leur état de santé le leur permet, se présenter à la visite et que, dans cas contraire, ils doivent informer le médecin divisionnaire par lettre ou par exprès, le jour même où ils cessent leur service.

La visite médicale a lieu chaque jour, le matin :

Pour les 1er et 2e arrondissements, rue Richelieu, Bibliothèque nationale, à 8 h. 1/2.

Pour les 3e et 4e arrondissements, mairie du 3e arrondissement, à 10 heures.

Pour les 5e et 13e arrondissements, mairie du 13e arrondissement, à 9 heures.

Pour les 6e et 14e arrondissements, mairie du 6e arrondissement, à 9 heures.

Pour les 7e et 15e arrondissements, poste du boulevard Garibaldi, à 9 heures.

Pour les 8e et 17e arrondissements, mairie du 17e arrondissement, à 9 heures.

Pour les 9e et 10e arrondissements, mairie du 9e arrondissement, à 9 heures.

Pour les 11e et 12e arrondissements, mairie du 11e arrondissement, à 9 heures.

Pour le 16e arrondissement, mairie, à 8 heures.

—	18e	—	—	à 9	—
—	19e	—	—	à 9	—
—	20e	—	—	à 9	—

A l'issue de la dernière visite, les inspecteurs doivent demander au docteur un bulletin de rentrée et remettre cette pièce à la comptabilité du service dès leur arrivée.

Circulaire relative aux recherches dans un intérêt de famille.

DIRECTION DES   Paris, le 5 décembre 1906.
RECHERCHES

Monsieur le chef de la 1re division fait connaître que le Ministre de l'intérieur a constaté à diverses reprises, que des demandes émanant de personnes habitant le département de la Seine et tendant à obtenir l'intervention administrative en vue de recherches dans un intérêt de famille étaient formées trop tardivement pour permettre d'utiles investigations, soit en province, soit à l'étranger, les intéressés ayant attendu pour s'adresser au Ministère de l'intérieur de connaître le résultat des recherches effectuées dans le ressort de la Préfecture de police.

En conséquence, j'ai l'honneur de vous prier de vouloir bien donner des instructions aux agents placés sous vos ordres pour que, dans le cas où les intéressés feront connaître que la personne recherchée pourrait se trouver en dehors du ressort de la préfecture de police, ceux-ci soient, au cours des investigations faites, immédiatement invités à s'adresser sans retard, par écrit, au Ministère de l'intérieur, *Sûreté générale, 3e Bureau*, en indiquant l'état civil et le signalement complets de la personne disparue, ainsi que la direction qu'elle est supposée avoir prise.

Le Directeur des recherches,
MOUQUIN.

§ 2. — Droits et devoirs des inspecteurs.

Quelles sont les qualités requises pour faire un inspecteur de police ?

On peut dire que l'inspecteur de police est appelé à se former par lui-même ; il est, en un mot, son propre éducateur.

Cependant la discipline, l'exactitude, le zèle, la dignité, la tenacité, la correction, la sobriété, la plus grande aménité même à l'égard des personnes qu'il est appelé à arrêter, et la bonne tenue sont des qualités indispensables.

Dans quelles circonstances un inspecteur doit-il faire usage de sa carte de réquisition ?

L'inspecteur doit faire usage de sa carte toutes les fois qu'il se trouve dans la nécessité d'établir son identité ou sa qualité.

Au cours des renseignements qu'il est appelé à recueillir, il est seul juge de l'opportunité de décliner sa qualité, car, dans certains cas, les personnes consultées hésitent à répondre, lorsqu'elles ne connaissent pas la qualité de celui qui les interpelle ou les consulte.

Cette règle ne saurait être absolue et dans maintes circonstances, au contraire, il doit éviter de révéler son rôle, par exemple, lorsqu'il devra procéder à une enquête en vue d'une réhabilitation ou d'un constat d'adultère.

Il recevra d'ailleurs, à cet égard, des instructions de ses chefs.

Lorsqu'il est dans la nécessité de vérifier le livre de police d'un hôtel, il doit se faire connaître et présenter sa carte, si cette justification est désirée par le tenancier.

Il pourra signaler les logeurs qui ne se conformeront pas au deuxième paragraphe de l'article 475 du Code pénal au sujet de l'inscription des locataires ; cet article a été commentée par divers arrêts de la Cour de cassation.

— Est légal, l'arrêté préfectoral qui, dans l'intérêt de la sûreté générale, ajoute aux obligations qui résultent pour les logeurs de l'article 475, § 2, celle d'inscrire sur leurs registres les prénoms aussi bien que les noms des voyageurs (Cass., 28 déc. 1866).

— L'obligation pour les logeurs d'inscrire, sur leurs livres de police, les personnes qu'ils logent en garni, comprend aussi bien les personnes résidant en ville que les voyageurs (Cass., 19 mai 1860).

— L'inscription est faite en temps suffisant, si elle a lieu immédiatement après la première nuit passée dans l'hôtellerie (Cass., 5 août 1853).

— Les logeurs ne sont passibles, pour défaut d'inscription, que d'une seule amende, quoique la personne non inscrite ait passé plusieurs nuits chez eux (Cass., 4 fév. 1859).

— Mais le juge de police saisi d'un procès-verbal contre un logeur, prévenu d'avoir reçu dix étrangers dans son auberge, sans les avoir inscrits sur son registre, doit le condamner à dix amendes distinctes, chaque défaut d'inscription constituant une contravention distincte (Cass., 8 janv. 1864).

La carte de réquisition a également pour but de lui

permettre de requérir la force armée en cas de besoin.

L'inspecteur peut-il faire usage de sa carte pour ob-tenir une faveur quelconque?

Non.

S'il est appelé, par la nature de la mission dont il est chargé, à pénétrer dans un établissement, un spectacle quelconque, il doit payer sa place, le montant lui en sera remboursé sur la justification de sa dépense.

En agissant ainsi, son *incognito* sera respecté, sa liberté d'action conservée et il n'aura pas compromis son autorité par des sollicitations déplacées.

CHAPITRE II

ÉLÉMENTS ESSENTIELS DE DROIT PÉNAL

§ 1. — Distinction entre les crimes, les délits et les contraventions.

Code pénal (art. 1er). — L'infraction que les lois pu
nissent de peines de simple police, est une contravention.

L'infraction que les lois punissent de peines correctionnelles, est un délit.

L'infraction que les lois punissent d'une peine afflictive
ou infamante, est un crime.

Les peines de simple police varient de un à cinq jours
de prison et de un à quinze francs d'amende.

Les peines correctionnelles sont celles de seize francs
d'amende au minimum ou de six jours d'emprisonnement au moins.

Les peines criminelles comprennent toutes les peines
afflictives et infamantes : bannissement, réclusion, détention, déportation, travaux forcés et mort.

Il ne faut considérer, pour déterminer la nature d'une
infraction, que la nature de la peine encourue, sans
s'occuper des éléments constitutifs et sans qu'il y ait lieu
de rechercher si l'intention coupable est ou non un élé-

ment essentiel Ainsi, une infraction à la police des che-
mins de fer est un délit, parce qu'elle est punie de seize
francs d'amende au moins, bien qu'elle existe, dès que
les éléments matériels sont reconnus constants, en dehors de toute intention coupable.

§ 2. — Division des infractions.

Délits (1) instantanés et délits continus.

Cette distinction repose sur la durée de l'infraction.

Exemple. — Le vol, le meurtre, l'empoisonnement
sont des délits instantanés.

La bigamie, le rapt d'une fille mineure sont des délits
continus.

Délits simples et délits d'habitude.

Il y a délit simple ou d'habitude suivant que le législateur vise l'acte simple ou l'acte répété.

Exemple. — Le vol est un délit simple.

L'usure est un délit d'habitude, car l'usure exige la
répétition de prêts à des taux illicites. Il en est de même
de l'excitation habituelle de mineurs à la débauche.

Délits flagrants (art. 41, C. instr. crim.).

Art. 41. — « Le délit qui se commet actuellement, ou qui
vient de se commettre, est un flagrant délit.

(1) Ici le mot délit est pris dans son sens général : il comprend
tout à la fois les crimes et les délits proprement dits.

« Seront aussi réputés flagrant délit, le cas où le prévenu est poursuivi par la clameur publique, et celui où le prévenu est trouvé saisi d'effets, armes, instruments ou papiers faisant présumer qu'il est auteur ou complice, pourvu que ce soit dans un temps voisin du délit. »

Le délit non flagrant est celui qui ne se découvre qu'un certain temps après avoir été commis.

Quel intérêt y a-t-il à distinguer le délit flagrant des infractions non flagrantes ?

Dans le cas de crime flagrant, le procureur de la République peut se transporter sur les lieux et procéder à tous les actes d'information ; il peut ainsi constater le corps du délit, son état, l'état des lieux, recevoir les déclarations des personnes qui auraient été présentes ou qui auraient des renseignements à donner, opérer des perquisitions, saisir toutes pièces pouvant servir à la manifestation de la vérité, décerner des mandats d'amener contre les prévenus et procéder à leurs interrogatoires, etc... (C. inst. crim., art. 32 à 46). Les mêmes pouvoirs appartiennent : 1° au juge d'instruction (art. 59) ; 2° aux officiers de police judiciaire (art. 49).

Hors le cas de flagrant délit et si une information préalable paraît nécessaire, il ne peut y être procédé que par le juge d'instruction, sur les réquisitions du procureur de la République (art. 47). Par conséquent, quand il n'y a pas flagrant délit, il faut poser en principe : — 1° que le procureur de la République n'a aucune qualité pour faire une information ; il peut seulement requérir le juge d'instruction d'informer ; — 2° qu'aucune initiative n'appartient au juge d'instruction qui ne saurait spontanément ouvrir une instruction : il ne peut agir qu'autant qu'il est saisi, soit par les réquisitions du Parquet, soit par la plainte directe de la personne lésée qui se constitue en même temps partie civile (art. 61 et 63) ; et encore, dans ce second cas, le juge d'instruction doit, préalablement à tout acte d'information, communiquer la plainte au procureur de la République, pour que ce magistrat prenne ses réquisitions (art. 70).

Remarquons que le procureur de la République n'est tenu de requérir une instruction que dans le cas de crime. Si le fait ne constitue qu'un délit, il peut, s'il le préfère, poursuivre, soit par voie de citation directe devant le tribunal correctionnel (art. 182), soit par la procédure spéciale aux inculpés arrêtés en état de flagrant délit pour un fait puni de peines correctionnelles, qui a été établie par la loi du 20 mai 1863.

§ 3. — De la tentative.

Qu'est-ce que la tentative ?

La tentative, aux termes de l'article 2 du Code pénal n'est punissable que sous les conditions suivantes. Il faut : 1° qu'elle se soit manifestée par un commencement d'exécution ; 2° qu'elle n'ait été suspendue ou n'ait manqué son effet que pour des causes indépendantes de la volonté de son auteur.

Il importe de préciser ce qu'il faut entendre par *actes
d'exécution* :

1° Un individu a la pensée de commettre un crime, il
cultive cette pensée et prend une résolution ;

2° Cette résolution prise, il se procure des instruments,
des fausses clefs, pinces, échelles, etc... : ce sont les actes
préparatoires.

Ces deux premiers ordres de faits échappent à toute
répression ; ce que la loi atteint et punit, ce n'est pas
le projet coupable, car aucun acte matériel ne permet
de le saisir. Aussi, en règle générale, il a paru très difficile de frapper les actes préparatoires à cause de l'im-
mense intervalle, qui, dans la morale, sépare les prépa-
ratifs de la véritable exécution.

Il y a exception cependant : 1° pour les vagabonds, dont
la peine est aggravée, lorsqu'ils sont trouvés porteurs
d'objets pouvant servir à commettre des crimes ; —
2° pour le cas de complot prévu par le paragraphe 3 de
l'article 89 du Code pénal qui dit : « Il y a complot dès
que la résolution d'agir est concertée et arrêtée entre
deux ou plusieurs individus ».

Nous arrivons maintenant à la troisième période de la
tentative.

L'individu s'est procuré de fausses clefs, pinces,
échelles, armes, etc... ; il se rend sur les lieux ; si un souvenir de famille, un réveil brusque d'honnêteté le fait
renoncer à son crime, il n'y a pas de délit ; mais, s'il a
introduit sa clef dans une serrure ou sa pince pour frac-

turer une porte et qu'il se trouve dérangé par un tiers, c'est le crime commencé et il tombe sous l'application de l'article 2 du Code pénal qui dit :

« Toute tentative de crime qui aura été manifestée par un commencement d'exécution, si elle n'a été suspendue ou si elle n'a manqué son effet que par des circonstances indépendantes de la volonté de son auteur, est considérée comme le crime même. »

En résumé, pour qu'il y ait tentative, qu'il s'agisse d'un crime ou d'un délit, il faut un acte matériel indiquant clairement que l'individu avait la volonté bien arrêtée de le commettre et qu'il n'en a été empêché que par une circonstance indépendante de sa volonté.

Les tentatives de crimes sont toujours punissables, ainsi que l'indique l'article 2 du Code pénal ; les tentatives de délits prévus par l'article 3 du même Code, ne sont considérés comme délits, que dans les cas déterminés par une disposition spéciale de la loi.

Code pénal. — Art 179 : Tentative de corruption de fonctionnaires publics. — Art. 241 : Tentative d'évasion d'un détenu, soit avec violences ou bris de prison. — Art. 245 : Tentative d'évasion de la part d'un détenu. — Art. 388 : Tentative de vol dans les champs de chevaux ou bêtes de charge, instruments d'agriculture, etc... — Art. 400 : Tentative d'extorsion de fonds, etc... — Art. 401 : Tentative de vol simple. — Art. 405 : Tentative d'escroquerie. — Art. 414-415 : Tentative d'atteinte à la liberté du travail, etc...

Pour reconnaître si une tentative de délit est punis-

2

sable, il suffit donc de se reporter au texte du Code ou la loi pénale qui réprime ce délit.

Des délits achevés.

Ici, la responsabilité pénale est entière, on ne distingue pas entre l'infraction manquée et l'infraction réussie.

§ 4 . — Règles de la complicité.

Les règles de la complicité sont définies par les articles 59, 60, 61 et 62 du Code pénal.

Art.59. — « Les complices d'un crime ou d'un délit seront punis de la même peine que les auteurs mêmes de ce crime ou de ce délit, sauf les cas où la loi en aurait disposé autrement. »

Art. 60. — « Seront punis comme complices d'une action qualifiée crime ou délit, ceux qui, par dons, promesses, menaces, abus d'autorité ou de pouvoir, machinations ou artifices coupables, auront provoqué à cette action, ou donné des instructions pour la commettre ; ceux qui auront procuré des armes, des instruments ou tout autre moyen qui aura servi à l'action, sachant qu'ils devaient y servir ;

« Ceux qui auront, avec connaissance, aidé ou assisté l'auteur ou les auteurs de l'action, dans les faits qui l'auront préparée ou facilitée ou dans ceux qui l'auront consommée, sans préjudice des peines qui seront spécialement portées par le présent Code contre les auteurs de complots ou de provocations attentatoires à la sûreté intérieure ou extérieure de l'État, même dans le cas où le crime qui était l'objet des conspirateurs ou des provocateurs n'aurait pas été commis. »

Art. 61. — « Ceux qui, connaissant la conduite criminelle des malfaiteurs exerçant des brigandages ou des violences contre la sûreté de l'Etat, la paix publique, les personnes ou les propriétés, leur fournissent habituellement logement, lieu de retraite ou de réunion, seront punis comme leurs complices. »

Art. 62. — « Ceux qui sciemment auront recélé, en tout ou en partie, des choses enlevées, détournées ou obtenues à l'aide d'un crime ou d'un délit, seront aussi punis comme complices de ce crime ou de ce délit. »

La complicité peut se manifester par des actes antérieurs, concomitants ou postérieurs à l'infraction. Autrement dit, on peut être complice avant, pendant et après.

Complicité avant. — Elle peut se traduire de deux manières, par une participation morale ou par une participation matérielle.

Participation morale. — Si elle consiste en un simple conseil de commettre une infraction, il n'y a pas de complicité.

Si le conseil est fortifié par des promesses, menaces ou renseignements fournis, il y a complicité.

Participation matérielle.— Fournir à un malfaiteur des fausses clefs, une pince-monseigneur, etc...., il y a complicité, mais seulement si on lui a prêté cette aide et assistance en connaissance de cause.

Complicité pendant. — C'est, par exemple, apporter des instruments au moment même du crime. Mais faire le guet est un acte de co-auteur.

Exemple : deux individus commettent un vol, l'un s'empare de l'objet pendant que l'autre fait le guet, c'est le vol en réunion. La circonstance de réunion n'aurait pu être relevée si celui qui fait le guet avait été complice.

Complicité après. — Il n'en existe que deux cas : le recel et le logement fourni à des malfaiteurs.

Quel est le traitement fait par la loi aux complices ?

Le ou les complices seront punis comme l'auteur principal (C. pén., 59).

§ 5. — Délits connexes et non connexes.

Les délits connexes sont ceux qui se rattachent les uns aux autres et sont jugés en même temps et par la même juridiction.

§ 6. — Classification et échelle des peines.

Division des peines. — Les peines principales sont celles qui, pour chaque crime, délit ou contravention, constituent l'élément dominant de la pénalité. La loi spécifie pour chaque infraction la peine qui lui est applicable ; enfin, celle-ci ne peut résulter que d'une disposition expresse de la décision du juge qui en fixe exactement les limites.

Les peines accessoires ont pour but d'assurer l'efficacité de la peine principale et de prévenir la récidive :

elles sont encourues de plein droit, en vertu de la loi, sans qu'il soit nécessaire que le jugement les prononce.

Les peines complémentaires tiennent le milieu entre les peines principales et les peines accessoires ; elles doivent être l'accessoire d'une peine principale et, en même temps, il faut qu'elles soient expressément prononcées par le jugement.

Nous verrons que certaines peines peuvent être tantôt principales et tantôt accessoires ou complémentaires.

I. — **Peines principales.** — Les peines, en matière criminelle, sont afflictives et infamantes ou simplement infamantes (C. pén. art. 6) ; elles se divisent en peines de droit commun et en peines politiques. Les deux tableaux ci-dessous donnent l'échelle de chacune de ces catégories de peines ; les chiffres placés à gauche indiquent la gradation dans l'échelle générale.

Peines de droit commun.

Peines afflictives et infamantes :
1° Mort ;
2° Travaux forcés à perpétuité ;
5° Travaux forcés à temps ;
7° Réclusion.
Peine infamante :
9° Dégradation civique.

Peines politiques.

Peines afflictives et infamantes :

2.

3° Déportation à perpétuité dans une enceinte fortifiée.

4° Déportation simple à perpétuité.

6° Détention.

Peines infamantes :

8° Bannissement.

9° Dégradation civique.

En matière correctionnelle, les peines sont : 1° l'emprisonnement de six jours à cinq ans ; — 2° l'amende de
seize francs au minimum. — Ces peines, en cas de récidive, peuvent être doublées.

Les peines de simple police sont : — 1° l'emprisonnement de un à cinq jours ; — 2° l'amende de un à
quinze francs.

II. — **Peines accessoires.** — Les peines accessoires
sont :

A. — *En matière criminelle.*

a) A toutes les peines criminelles : la dégradation
civique ;

b) Aux peines afflictives : l'interdiction légale ;

c) Aux peines afflictives perpétuelles : la double incapacité de recevoir et de disposer à titre gratuit ;

d) Aux peines afflictives temporaires : l'interdiction
de séjour.

e) A la peine des travaux forcés : la résidence obligée
dans la colonie pénale.

B. — *En matière correctionnelle.*

Certaines incapacités spéciales, telles que la perte des

droits électoraux, du droit d'être juré, du droit d'enseigner dans les établissements publics ou privés, du droit de faire partie de l'armée, du droit d'obtenir un permis de chasse.

III. — **Peines complémentaires**. — Les peines complémentaires sont :

A. — *En matière criminelle, correctionnelle et de simple police.*

a) L'amende (mais elle est aussi peine principale en matière correctionnelle et de police).

b) La confiscation spéciale.

c) La publication et l'insertion de l'arrêt ou du jugement.

B. — *En matière criminelle et correctionnelle* : la rélégation.

C. — *En matière criminelle* (*complémentaire de la dégradation civique*) : l'emprisonnement de cinq ans au maximum.

D. — *En matière correctionnelle.*

a) Certaines incapacités spéciales, notamment celle d'exercer des fonctions publiques et les incapacités spéciales que nous avons indiquées comme peines complémentaires, quand elles ne sont pas une conséquence nécessaire de la condamnation et doivent être spécialement prononcées ;

b) L'interdiction des droits mentionnés en l'article 42 du Code pénal ;

c) L'interdiction de séjour.

TABLEAU DES INCAPACITÉS ÉLECTORALES

Les cas d'incapacité électorale sont déterminés par le décret du 2 février 1852, dont certains articles ont été modifiés par la loi du 24 janvier 1889.

Dans le tableau que nous avons dressé, nous avons eu soin de tenir compte de ces modifications.

NOMENCLATURE par ordre alphabétique DES CAUSES D'INCAPACITÉ ÉLECTORALE.	NATURE et DURÉE DES PEINES entraînant l'exclusion	DURÉE de L'EXCLUSION	ARTICLES DU DÉCRET du 2 février 1852
Abus de confiance, de blanc-seing, des passions d'un mineur (C. pén., art. 406 à 409).	Emprison. quelle qu'en soit la durée.	perpétuelle	Art. 15, § 5.
Arbre abattu, sachant qu'il appartient à autrui (C. pén., art. 445).	Emprison. de trois mois au moins.	id.	Art. 15, § 10.
Arbre mutilé, coupé ou écorcé, de manière à le faire périr, sachant qu'il appartient à autrui (C. pén., art. 446).	id.	id.	id.
Attroupements (L. 10 avril 1831 et 7 juin 1848).	Emprison. de plus d'un mois.	L'exclusion dure cinq ans, à dater de l'expiration de la peine.	Art. 16, modifié par la loi du 24 janvier 1889.
Boissons falsifiées, contenant des mixtions nuisibles à la santé (Vente et débit de) (L. 27 mars 1851, art. 3).	Emprison. 3 mois.	perpétuelle.	Art. 15, § 4, modifié par la loi du 24 janvier 1889.

	Peine	Référence
stion) ou a des peines infamantes seulement, bannissement, dégradation civique) (C. pén., art. 7 et 8).	id.	Art. 15, § 3.
Crimes suivis d'une condamnation à l'emprisonnement correctionnel en vertu de l'article 463 du Code pénal.	Emprison. quelle qu'en soit la durée.	Art. 15, § 5.
Deniers publics soustraits par les dépositaires auxquels ils étaient confiés (C. pén., art 169 à 171).	Emprison. de trois mois au moins.	Art. 15, § 1.
Destruction de registres, minutes, actes originaux de l'autorité publique, titres, billets, lettres de change, effets de commerce ou de banque, contenant ou opérant obligation, disposition ou décharge (C. pén., art. 439).	id.	id.
Bulletin ajouté, soustrait ou altéré par les personnes chargées dans un scrutin, de recevoir, compter, ou dépouiller les bulletins contenant les suffrages des citoyens.	Emprison. de plus de 3 mois.	Art. 15, § 7. Art. 35.
Collège électoral (irruption dans un collège électoral, consommée ou tentée avec violence, en vue d'empêcher un choix).	id.	Art. 15, § 7. Art. 42.
Inscription sur le bulletin d'autrui de noms autres que ceux qu'on était chargé d'inscrire.	id.	Art. 15, § 7. Art. 36.
Lecture de noms autres que ceux inscrits.	id.	Art. 15, § 7. Art. 35.
Liste électorale (inscription réclamée et obtenue sur deux ou plusieurs listes, ou sous de faux noms, ou en dissimulant une incapacité électorale).	id.	Art. 15, § 7. Art. 31.

ÉLECTIONS

NOMENCLATURE par ordre alphabétique DES CAUSES D'INCAPACITÉ ÉLECTORALE.	NATURE et DURÉE DES PEINES entraînant l'exclusion	DURÉE de L'EXCLUSION	ARTICLES DU DÉCRET du 2 février 1852
Opérations électorales retardées ou empêchées au moyen de voies de fait ou menaces par des électeurs. — Bureau outragé dans son ensemble ou dans l'un de ses membres, par des électeurs, pendant la réunion. — Scrutin violé.	id.	id.	Art. 15, § 7. Art. 45.
Opérations électorales troublées par attroupements, clameurs ou démonstrations menaçantes. — Atteinte portée à l'exercice du droit électoral ou à la liberté du vote.	id.	id.	Art. 15, § 7. Art. 41.
Suffrages. — Deniers ou valeurs quelconques donnés, promis ou reçus sous la condition soit de donner ou de procurer un suffrage, soit de s'abstenir de voter. — Offres ou promesses faites ou acceptées sous les mêmes conditions d'emplois publics ou privés.	id.	id.	Art. 15, § 7. Art. 38.
Suffrages influencés, soit par voies de fait, violences ou menaces contre un électeur, soit en lui faisant craindre de perdre son emploi ou d'exposer à un dommage sa personne. sa famille	id.	id.	Art. 15, § 7. Art. 39.

ÉLECTIONS

	Infraction	Emprisonnement	Exclusion	Article
ÉLECTIONS	teuses. — Abstention de voter déterminée par les mêmes moyens.	id.	id.	Art. 15, § 7. / Art. 46.
	Urne contenant les suffrages émis et non encore dépouillés (Enlèvement de).	id.	id.	Art. 15, § 7. / Art. 33.
	Vote en vertu d'une inscription obtenue sous de faux noms ou de fausses qualités, ou en dissimulant une incapacité, ou en prenant faussement les noms et qualités d'électeurs inscrits.	id.	id.	Art. 15, § 7. / Art. 34.
	Vote multiple, à l'aide d'une inscription multiple.		perpétuelle.	Art. 15, § 10.
	Empoisonnement de chevaux ou autres bêtes de voiture, de monture et de charge, de bestiaux à cornes, de moutons, chèvres ou porcs, ou de poissons dans les étangs, viviers ou réservoirs (C. pén., art. 452).	Emprison. de trois mois au moins.	perpétuelle.	Art. 15, § 5.
	Escroquerie (C. pén., art. 405).	Emprison. quelle qu'en soit la durée.	id.	Art. 15, § 17.
	Faillite déclarée soit par les tribunaux français, soit par jugement rendu à l'étranger, mais exécutoire en France (C. comm., art. 437 et suiv.).	id.	L'exclusion cesse après la réhabilitation.	Art. 15, § 4 (modifié par la loi du 24 janv. 1889).
	Falsification de substances ou denrées alimentaires ou médicamenteuses, destinées à être vendues. — Vente ou mise en vente de ces denrées, sachant qu'elles sont falsifiées ou corrompues (L. 27 mars 1851, art. 1er).	Emprison. de trois mois au moins. / Emprison. de plus d'un mois.	perpétuelle. / Exclusion pendant 5 ans.	Art. 16 (modifié par la loi du 24 janvier 1889).
	Greffe détruite (C. pén., art. 447).	Emprison. de trois mois au moins.	perpétuelle.	Art. 15, § 10.

NOMENCLATURE par ordre alphabétique DES CAUSES D'INCAPACITÉ ÉLECTORALE.	NATURE et DURÉE DES PEINES entraînant l'exclusion	DURÉE de L'EXCLUSION	ARTICLES DU DÉCRET du 2 février 1852
Interdiction civile pour cause d'imbécillité, de démence ou de fureur (C. civ., art. 489 et suiv.).	id.	L'exclusion cesse à la levée judiciaire de l'interdiction (art. 512, C. civ.).	Art. 15, § 16.
Interdiction correctionnelle du droit de vote et d'élection (C. pén., art. 42, 86, 89, 91, 123 ; L. 23 janvier 1873, art. 6).	id.	La durée de l'exclusion est fixée par le jugement et court à dater de l'expiration de la peine.	Art. 15, § 2.
Ivresse (L. 23 janvier 1873, art. 3).	2e récidive correctionnelle.	2 ans à partir du jour où la condamnation est irrévocable.	»
Jeux de hasard (maisons de) (C. pén., art. 410).	Quelle que soit la peine.	perpétuelle.	Art. 15, § 11.
Marchandises ou matières, servant à la fabrication, gâtées volontairement (C. pén., art. 443).	Emprison. de trois mois au moins.	perpétuelle.	Art. 15, § 10.
Mendicité (C. pén., art. 274 à 279).	Quelle que soit la peine.	id.	Art. 15, § 9.
Militaires condamnés au boulet ou aux travaux publics.	Quelle que soit la durée de la peine.	id.	Art. 15, § 12.

Infraction			Article
Officiers ministériels (avoués, huissiers, greffiers, notaires) destitués en vertu de décisions judiciaires. (L. 10 mars 1898, art. 3).	Emprison. quelle qu'en soit la durée.	perpétuelle.	Art. 15, § 8.
Outrages et violences envers les dépositaires de l'autorité ou de la force publique (C. pén., art. 222 à 230).	Emprison. de plus d'un mois.	L'exclusion dure 5 ans à dater de l'expiration de la peine.	Art. 16.
Prêts sur gage ou nantissement (maisons de) établies ou tenues sans autorisation légale. — Registre non tenu (C. pén., art. 411).	Quelle que soit la peine.	perpétuelle.	Art. 15, § 11.
Rébellion envers les dépositaires de l'autorité ou de la force publique (C. pén., art. 209 à 221).	Emprison. de plus d'un mois.	L'exclusion dure 5 ans à dater de l'expiration de la peine.	Art. 16.
Récoltes (dévastation de) (C. pén., art. 444).	Emprison. de trois mois au moins.	perpétuelle.	Art. 15, § 10.
Recrutement. Jeunes gens appelés à faire partie du contingent de leur classe qui se sont rendus impropres au service militaire soit temporairement, soit d'une manière permanente, dans le but de se soustraire aux obligations imposées par la loi — Complicité (L., 15 juillet 1889), art. 70.	Emprison. quel e qu'en soit la durée.	id.	Art. 15, § 13.
Recrutement. Jeunes gens omis sur les tableaux de recensement, par suite de fraudes ou de manœuvres (L. 15 juillet 1889, art. 69).	id.	id.	Art. 15, § 13.
Recrutement. Médecins, chirurgiens, ou officiers de santé qui, désignés pour assister au conseil de revision ou dans la prévoyance de cette désignation ont	id.	id.	id.

NOMENCLATURE par ordre alphabétique DES CAUSES D'INCAPACITÉ ÉLECTORALE.	NATURE et DURÉE DES PEINES entraînant l'exclusion	DURÉE de L'EXCLUSION	ARTICLES DU DÉCRET du 2 février 1852
reçu des dons ou agréé des promesses pour être favorables aux jeunes gens qu'ils doivent examiner, ou qui ont reçu des dons pour une réforme justement prononcée (L. 15 juillet 1889, art. 71).	id.		
Service militaire à l'étranger pris par un Français majeur sans autorisation du gouvernement (C. civ., art. 24).		L'exclusion dure jusqu'à ce que la qualité de Français ait été recouvrée.	Art. 12.
Tromperie sur le titre des matières d'or ou d'argent, sur la qualité d'une pierre fausse vendue pour fine, sur la nature de toute marchandise (C. pén., art. 423).	Emprison. de trois mois.	perpétuelle.	Art. 15, § 4 (modifié par la loi du 24 janvier 1889).
Tromperie sur la quantité des choses livrées par l'usage de faux poids ou de fausses mesures ou d'instruments inexacts, ou par des manœuvres et des indications frauduleuses relatives au pesage ou au mesurage; tentative de ces délits (L. 27 mars 1851, art. 1er).	id.	perpétuelle.	Art. 15, § 14 (modifié par la loi du 24 janvier 1889).
Usure (L. 3 septembre 1807 et 19 décembre 1850).	Emprison. de plus d'un mois.	5 ans.	Art. 16 (modifié par la loi du 24 janvier 1889).
Vagabondage (C. pén., art. 269 à 271).	Quelle que soit la peine.	perpétuelle.	Art. 15, § 15.
Vol (C. pén., art. 379, 388 et 401).	id.	id.	Art. 15, § 9.
	Emprison.	id.	Art. 15, § 5.

§ 7. — Notions sur les caractères distinctifs et les éléments constitutifs des délits.

Quelle différence y a-t-il entre le vol, l'escroquerie et l'abus de confiance ?

D'après l'article 379 du Code pénal, le vol est un délit qui consiste à appréhender frauduleusement un objet au préjudice d'autrui.

L'escroquerie est définie par l'article 405 du même Code, comme il suit : « Quiconque, soit en faisant usage de faux noms ou de fausses qualités, soit en employant des manœuvres frauduleuses pour persuader l'existence de fausses entreprises, d'un pouvoir ou d'un crédit imaginaire, ou pour faire naître l'espérance ou la crainte d'un succès, d'un accident ou de tout autre événement chimérique, se sera fait remettre ou délivrer, ou aura tenté de se faire remettre ou délivrer des fonds, des meubles ou des obligations, dispositions, billets, promesses, quittances, ou décharges, et aura, par un de ces moyens, escroqué ou tenté d'escroquer la totalité ou partie de la fortune d'autrui sera puni d'un emprisonnement d'un an au moins et de cinq ans au plus, et d'une amende de cinquante francs au moins et de 3.000 francs au plus ».

L'abus de confiance, prévu par l'article 408 du Code pénal, est un délit qui consiste à dissiper, à détourner frauduleusement au préjudice des propriétaires, possesseurs ou détenteurs, des fonds, des marchandises ou tous autrès objets, qui avaient été remis à titre de mandat, de dépôt, de prêt à usage ou pour un usage ou emploi déterminé.

Donc, pour qu'il y ait vol, il faut que trois éléments soient réunis :

1° Soustraction d'un objet ;
2° Opérée d'une manière frauduleuse ;
3° Au préjudice d'autrui.

EXEMPLE. — Un individu prend à l'étalage d'un commerçant, un objet qu'il emporte pour se l'approprier ou pour le revendre ; il a commis un délit dans lequel sont entrés les trois éléments constitutifs du vol : 1° la mainmise sur l'objet ; 2° la soustraction frauduleuse, c'est-à-dire l'enlèvement de cet objet, sans le payer, avec l'intention d'en tirer un profit illégitime ; 3° le fait que cet objet appartenait à autrui.

Pour qu'il y ait escroquerie, il faut :

1° qu'il y ait, soit l'usage de faux noms ou de fausses qualités, soit l'emploi de manœuvres frauduleuses, c'est-à-dire une combinaison capable d'agir efficacement sur les esprits et rentrant dans les prévisions de l'article 405 du Code pénal ;

2° que par ce moyen l'on soit parvenu à se faire remettre ou à se faire délivrer les fonds ou les valeurs, objet de l'escroquerie.

Les manœuvres supposent, non de simples mensonges, mais une mise en scène, une combinaison de faits, l'intervention d'un tiers, la production d'une pièce, en un mot, un acte matériel. Il faut de plus, aux termes de l'article 405, qu'elles soient de nature à persuader soit l'existence d'une entreprise qui n'existe pas, d'un pouvoir ou d'un crédit imaginaire, soit à faire naître l'espérance ou la crainte d'un succès ou d'un accident ou de tout autre événement chimérique.

Telle est la spécialisation des manœuvres incriminées, ce sont celles-là seulement et non les autres que la loi a voulu punir.

Pour qu'il y ait abus de confiance, il faut :

1° qu'il ait été détourné des fonds, des valeurs ou marchandises ;

2° que ces fonds, valeurs ou marchandises aient été confiées pour un usage déterminé en vertu des contrats limitativement spécifiés par l'article 408 du Code pénal.

Si cette condition n'est pas remplie, le délit disparaît.

EXEMPLE. — Un individu reçoit 20.000 francs pour acheter des valeurs pour un tiers ; au lieu de s'acquitter de ce mandat, il dispose de cette somme pour son usage personnel ; par conséquent, il y a détournement d'une somme reçue comme mandataire.

En agissant ainsi, il a commis un abus de confiance ; en effet, nous trouvons là tous les éléments constitutifs de ce délit :

1° Somme confiée en vertu d'un des contrats prévus par l'article 408 ;

2° Somme employée à un usage différent de celui auquel elle était destinée ;

3° Préjudice causé.

En résumé, tout en tendant au même but, c'est-à-dire à s'approprier le bien d'autrui par des procédés différents, ces trois délits se distinguent d'une façon bien sensible :

dans le premier, il faut agir directement ;

dans le second, il faut user de subterfuge ;

Pour le troisième, il suffit de ne pas remplir un engagement pris vis-à-vis d'un tiers qui vous a confié des marchandises ou telle somme d'argent en vertu d'un contrat déterminé par la loi.

Pour terminer, ajoutons que le vol, l'escroquerie et l'abus de confiance prennent des formes variées suivant la manière dont ils sont perpétrés, et qu'ils deviennent même des crimes s'ils sont commis avec des circonstances aggravantes. — Ainsi le vol devient qualifié et est puni des travaux forcés à temps quand il est commis avec effraction ou avec escalade ou à l'aide de fausses clefs, — de la réclusion quand il est commis avec deux ou plusieurs circonstances aggravantes de nuit, réunion, maison habitée, etc... L'abus de confiance est puni de la réclusion, s'il est commis par un fonctionnaire ou un salarié. Enfin l'escroquerie devient le crime d'usage de faux, quand la manœuvre a consisté à produire un document faux ou altéré.

§ 8. — Théorie de l'aggravation des peines.

La question de l'aggravation des peines nous conduit à l'étude de la récidive.

La récidive fait l'objet des articles 56, 57 et 58 du Code pénal.

L'article 56, modifié par la loi du 28 avril 1832, dit :

« Quiconque, ayant été condamné à une peine afflictive ou infamante, aura commis un second crime emportant, comme peine principale, la dégradation civique, sera condamné à la peine du bannissement.

« Si le second crime emporte la peine du banissement, il sera condamné à la peine de la détention.

« Si le second crime emporte la peine de la réclusion, il sera condamné à la peine des travaux forcés à temps.

« Si le second crime emporte la peine de la détention, il sera condamné au maximum de la même peine, laquelle pourra être élevée jusqu'au double.

« Si le second crime emporte la peine des travaux forcés à temps, il sera condamné au maximum de la même peine, laquelle pourra être élevée jusqu'au double.

« Si le second crime emporte la peine de la déportation il sera condamné aux travaux forcés à perpétuité.

« Quiconque ayant été condamné aux travaux forcés à perpétuité, aura commis un second crime emportant la même peine, sera condamné à la peine de mort.

« Toutefois l'individu condamné par un tribunal militaire ou maritime ne sera, en cas de crime ou délit postérieur, passible des peines de la récidive qu'autant que la première condamnation aurait été prononcée pour des crimes ou délits punissables d'après les lois pénales ordinaires. »

L'article 57, modifié par la loi du 26 mars 1891, porte :

« Quiconque ayant été condamné pour crime à une peine supérieure à une année d'emprisonnement, aura, dans un délai de cinq années après l'expiration de cette peine ou sa prescription, commis un délit ou un crime qui devra être puni de la peine de l'emprisonnement, sera condamné au maximum de la peine portée par la loi, et cette peine pourra être élevée jusqu'au double.

« Défense pourra être faite, en outre, au condamné de paraître, pendant cinq ans au moins et dix ans au plus, dans les lieux dont l'interdiction lui sera signifiée par le gouvernement avant sa libération.

L'article 58, modifié par la même loi, est ainsi conçu :

« Il en sera de même pour les condamnés à un emprisonnement de plus d'une année pour délit qui, dans le même délai, seraient reconnus coupables du même délit ou d'un crime devant être puni de l'emprisonnement.

« Ceux qui, ayant été antérieurement condamnés à une peine d'emprisonnement de moindre durée, commettraient le même délit dans les mêmes conditions de temps, seront condamnés à une peine d'emprisonnement qui ne pourra être inférieure au double de celle précédemment prononcée, sans toutefois qu'elle puisse dépasser le double du maximum de la peine encourue.

« Les délits de vol, escroquerie et abus de confiance seront considérés comme étant, au point de vue de la récidive, un même délit.

« Il en sera de même des délits de vagabondage et de mendicité. »

Qu'est-ce que la récidive ?

C'est la rechute d'un condamné dans les conditions spécialement et limitativement déterminées par la loi.

Les conditions générales de la récidive sont :

1° Une condamnation dans le passé ;

2° Une condamnation nouvelle pour le même fait que celui qui a motivé la première condamnation.

3° La survenance de cette condamnation dans un délai déterminé.

Condamnation dans le passé. — Pour qu'une question de récidive se pose, il ne suffit pas d'une infraction dans le passé, il faut en outre que l'auteur de l'infraction ait été poursuivi et condamné, sinon il n'y aurait qu'un cumul d'infractions.

Il faut encore, pour qu'il y ait récidive que la première condamnation soit devenue irrévocable, c'est-à-dire qu'elle soit passée en force de chose jugée et qu'elle ne soit plus susceptible d'aucun recours.

Peu importe d'ailleurs que la première condamnation ait été prononcée par défaut ou contradictoirement.

Comment se prouve la première condamnation ?

De deux manières, soit par un extrait de cette condamnation, soit par un extrait du casier judiciaire.

§ 9. — Atténuation de la culpabilité.

Nous avons à considérer deux causes bien distinctes d'atténuation de la culpabilité savoir : les excuses légales et les circonstances atténuantes.

3.

Des excuses légales.

L'excuse légale est un fait que la loi détermine à l'avance et qui, tout en laissant subsister l'imputabilité, entraîne soit une diminution de peine, soit quelquefois une exemption totale de la peine. Elle se distingue des causes de non-imputabilité, en ce qu'elle ne fait pas perdre au fait imputé un caractère criminel, tandis qu'au contraire ces dernières le font disparaître ; quand un inculpé était en état de démence, quand il a été contraint par une force à laquelle il n'a pu résister, quand un mineur de 18 ans a agi sans discernement, le crime ou le délit n'existe pas : il n'y a qu'un fait matériel dépouillé de tout caractère de criminalité.

L'excuse est donc un fait prévu par la loi et il n'y a pas d'excuses sans un texte qui les prévoie formellement (art. 321, 322, 324, 327, 328 et 329, C. pén.).

Il y a deux catégories d'excuses : les excuses atténuantes qui diminuent la peine, et les excuses absolutoires qui entraînent une exemption totale de la peine.

Les excuses se divisent également en excuses générales et en excuses spéciales : les premières s'appliquent à toutes les infractions ; les secondes sont expressément limitées à certaines infractions déterminées.

Il n'existe qu'une seule excuse générale, c'est l'excuse atténuante tirée de l'âge du mineur de seize ans qui est reconnu avoir agi avec discernement (art. 67 et 68, C. pén.).

Parmi les cas d'excuses spéciaux, nous mentionnerons celui qui est prévu par l'art. 324 du Code pénal : est excusable, le meurtre commis par l'époux sur son épouse ainsi que sur son complice, à l'instant où il les surprend en flagrant délit dans la maison conjugale (art. 324, C. pén.).

DES CIRCONSTANCES ATTÉNUANTES.

Les circonstances atténuantes sont prévues par l'article 463 du Code pénal ainsi conçu :

ART. 463.— « Les peines prononcées par la loi contre celui ou ceux des accusés reconnus coupables, en faveur de qui le jury aura déclaré les circonstances atténuantes, seront modifiées, ainsi qu'il suit « si la peine prononcée par la loi est la mort, la Cour appliquera la peine des travaux forcés à perpétuité ou celle des travaux forcés à temps ;

« Si la peine est celle des travaux forcés à perpétuité, la Cour appliquera la peine des travaux forcés à temps ou celle de la réclusion ;

« Si la peine est celle de la déportation dans une enceinte fortifiée, la Cour appliquera celle de la déportation simple ou celle de la détention, mais dans les cas prévus par les articles 96 et 97, la peine de la déportation simple sera seule appliquée ;

« Si la peine est celle de la déportation, la Cour appliquera la peine de la détention ou celle du bannissement ;

« Si la peine est celle des travaux forcés à temps, la Cour appliquera la peine de la réclusion ou les dispositions de l'article 401, sans toutefois pouvoir réduire la durée de l'emprisonnement au-dessous de deux ans ;

« Si la peine est celle de la réclusion, de la détention, du bannissement ou de la dégradation civique, la Cour appliquera les dispositions de l'article 401 sans toutefois pouvoir réduire la durée de l'emprisonnement au-dessous d'un an :

« Dans le cas où le Code prononce le maximum d'une peine afflictive, s'il existe des circonstances atténuantes, la Cour appliquera le minimum de la peine ou même la peine inférieure. »

(*Décret du 27 novembre* 1870). « Dans tous les cas où la peine de l'emprisonnement et celle de l'amende sont prononcées par le Code pénal, si les circonstances paraissent atténuantes, les tribunaux correctionnels sont autorisés, même en cas de récidive, à réduire l'emprisonnement même au-dessous de six jours et l'amende même au-dessous de seize francs ;

« Ils pourront aussi prononcer séparément l'une ou l'autre de ces peines et même substituer l'amende à l'emprisonnement, sans qu'en aucun cas elle puisse être au-dessous des peines de simple police. »

(*Loi du 26 octobre* 1888). « Dans le cas où l'amende est substituée à l'emprisonnement, si la peine de l'emprisonnement est seule prononcée par l'article dont il est fait application, le maximum de cette amende sera de 3.000 francs. »

Qu'est-ce qu'une circonstance atténuante ? En quoi la circonstance atténuante diffère-t-elle de l'excuse ?

L'article 463 rapporté ci-dessus, complété par le décret du 27 novembre 1870 et la loi du 26 octobre 1888, en règle la théorie et l'application.

Les circonstances atténuantes sont laissées à l'appréciation du jury, en cas de crime, et du tribunal, en cas de délit ou de contravention.

En cas de circonstances atténuantes comme en cas d'excuse, il y a abaissement de peine, mais ce qui dis-

tingue les circonstances atténuantes des excuses, c'est
que les premières résultent des conditions de fait de la
cause et sont soumises à la libre appréciation du juge,
tandis que les secondes découlent uniquement de la loi.

Enfin, le but des circonstances atténuantes est de pro-
portionner aussi exactement que possible la peine à la
faute commise ; en un mot, le législateur a voulu intro-
duire de l'humanité dans le Code pénal.

CHAPITRE III

NOTIONS DE PROCÉDURE PÉNALE

§ 1er. — Action publique.

Toute infraction aux lois pénales donne ouverture à l'action publique.

L'action publique a pour but de punir l'atteinte portée à la société, de chercher à prévenir le retour de pareils faits et, par suite, de faire infliger une peine aux coupables.

L'exercice de l'action publique appartient au ministère public.

Elle est exercée :

1° En ce qui concerne les crimes et les délits, par les procureurs généraux et les membres de leur parquet et par les procureurs de la République et leurs substituts.

2° En ce qui concerne les contraventions, par les commissaires de police et les autres personnes chargées des fonctions du ministère public près les tribunaux de simple police.

Toutefois, par exception, cette action est exercée relativement aux douanes, aux contributions indirectes et aux forêts par les agents de ces administrations.

§ 2. — **Ministère public.**

Il existe auprès de la Cour de cassation, des Cours d'appel, des tribunaux de première instance et des tribunaux de simple police, des fonctionnaires chargés d'exercer les fonctions du ministère public.

Le groupe des officiers du ministère public près d'une juridiction déterminée est désigné sous le nom de *parquet*.

A la Cour de cassation, le parquet comprend un procureur général et des avocats généraux.

A la tête de chaque ressort de Cour d'appel, se trouve un procureur général qui a la plénitude de l'action publique ; c'est lui qui en dirige l'exercice et qui surveille tous les officiers de police judiciaire du ressort. Il est assisté dans sa mission par des avocats généraux et par des substituts du procureur général.

Près de chaque tribunal, est établi un procureur de la République qui, dans certains sièges, a un ou plusieur substituts.

Les fonctions du ministère public de simple police sont remplies par le commissaire de police du lieu où siège le tribunal. S'il y a plusieurs commissaires de police dans cette localité, c'est le procureur général qui désigne celui d'entre eux qui sera chargé de ce service. — S'il n'existe pas de commissaire de police, le procureur général confie les fonctions de ministère public, soit

à un commissaire de police résidant ailleurs, soit à un
suppléant du juge de paix, soit à un maire ou à un adjoint du canton.

§ 3. — Instruction préparatoire.

C'est le juge d'instruction qui rassemble les preuves ;
depuis la loi du 17 juillet 1856, il constitue une véritable juridiction, puisqu'il décide si les inculpés doivent
être renvoyés devant les juridictions de jugement.— Ses
attributions sont définies par les articles 55 à 137 du
Code d'instruction criminelle.

*Comment les magistrats instructeurs sont-ils avertis
des crimes ou infractions qui se commettent ?*

De deux manières, savoir :

1° Par les fonctionnaires publics et plus spécialement
par les officiers et les agents de la police judiciaire ;

2° Par les simples particuliers.

Les officiers et agents de la police judiciaire rensei-
gnent les juges d'instruction par des rapports officiels
ou par des procès-verbaux.

Le juge d'instruction et le procureur de la République
résident au chef-lieu et connaissent rapidement les n-
fractions qui y sont commises.

Pour les infractions commises en banlieue ou à la
campagne, ils sont prévenus par toute autorité consti-
tuée, tout fonctionnaire ou officier public (art. 29, C.
inst. crim.).

Le juge d'instruction n'a pas l'initiative des poursuites : une réquisition lui est indispensable, sauf en
matière de flagrant délit, pour commencer une information.

Les articles 59 et 60 du Code d'instruction criminelle
qui prévoient le flagrant délit, sont ainsi conçus :

ART. 59. — « Le juge d'instruction, dans tous les cas réputés flagrant délit, peut faire directement et par lui-même,
tous les actes attribués au procureur de la République, en
se conformant aux règles établies au chapitre des Procureurs de la République et de leurs substituts.

« Le juge d'instruction peut requérir la présence du procureur de la République sans aucun retard néanmoins des
opérations prescrites dans le dit chapitre. »

ART. 60. — « Lorsque le flagrant délit aura déjà été constaté et que le procureur de la République transmettra les
actes et pièces au juge d'instruction, celui-ci sera tenu de
faire sans délai l'examen de la procédure.

« Il peut refaire les actes ou ceux des actes qui ne lui
paraîtraient pas complets. »

Comment se fait une instruction ?

Instruire une affaire, c'est rechercher les auteurs, co-
auteurs et complices d'un crime ou d'un délit, et recueillir les preuves, tant à charge qu'à décharge, qui existent
contre les inculpés.

L'instruction comprend un grand nombre d'actes que
l'on peut diviser en trois catégories principales :

A. — Constatations matérielles ;

B. — Audition des témoins, soit directement par le juge, soit par voie de commissions rogatoires.

C. — Interrogatoires et confrontations des inculpés, conformément aux prescriptions de la loi du 8 décembre 1897, qui a modifié certaines règles de l'instruction préalable.

Constations matérielles.

Le juge d'instruction a été requis d'ouvrir une instruction ; accompagné du procureur de la République ou d'un substitut et de son greffier (art. 62, C. inst. crim.) (et généralement à Paris, soit du commissaire divisionnaire, chef de la Sûreté, soit du commissaire de police du quartier), il se transporte sur le lieu du crime ou du délit et procède aux constatations matérielles.

Souvent, on trouve les instruments qui ont servi à commettre le crime, on a soin de les mettre sous scellés, car leur représentation peut être décisive pour la démonstration de la culpabilité.

Souvent aussi il est nécessaire de procéder à des perquisitions chez les inculpés ou chez des tiers. Ces perquisitions ne sont possibles qu'en présence de l'inculpé ou des tiers.

Pour ces opérations, le juge d'instruction peut se faire remplacer par un commissaire de police requis à cet effet par une ordonnance dont le modèle est ci-dessous :

ORDONNANCE DE
SAISIE
—

TRIBUNAL DE PREMIÈRE INSTANCE
DU DÉPARTEMENT DE LA SEINE
—

Nous, N....,

Juge d'instruction près le tribunal de première instance de la Seine,

Vu l'information *suivie contre R... Auguste Charles, inculpé du vol de bijoux au préjudice du sieur S...*

Vu les articles 87 et 90 du Code d'instruction criminelle, ordonnons que par *Monsieur H....., Chef du service de la Sûreté*, commissaire *divisionnaire* de police de la Ville de Paris, ou, en cas d'empêchement, par tout autre Commissaire de police de Paris, il sera procédé sans délai et partout où besoin sera, *notamment au domicile dudit R...., 29, rue X...., et au domicile de la fille L...,, sa maîtresse, 15, rue Y..,.,* à la recherche et à la saisie *des bijoux qui ont été soustraits et dont le signalement est ci-joint.*

Ordonnons en outre que, par le même commissaire de police, les objets saisis, scellés selon la loi, seront immédiatement transportés et déposés au greffe du tribunal du département de la Seine, pour y demeurer sous la main de la justice jusqu'à ce qu'il en soit autrement ordonné.

Il sera dressé du tout des procès-verbaux qui seront transmis, dans le plus bref délai, à M. le procureur de la République.

Fait en notre cabinet au Palais de justice, à Paris, le ...

(Signé et scellé).

Comment on clôture l'instruction préparatoire
(art. 127 à 137, C. inst. crim.).

Quand l'instruction est finie, le juge rend une ordonnance de soit-communiqué ; c'est une ordonnance par laquelle il déclare que la procédure va être remise au ministère public.

Dès que le parquet reçoit le dossier, le procureur de la République ou l'un de ses substituts dresse un réquisitoire définitif, par lequel il requiert le juge : soit de déclarer qu'il n'y a pas lieu de suivre, parce que les faits ne sont pas suffisamment caractérisés ou établis, — soit de renvoyer, s'il s'agit d'un délit passible de peines correctionnelles, devant le tribunal correctionnel, soit enfin, s'il s'agit d'un crime, devant la chambre des mises en accusation qui renverra elle-même devant la Cour d'assises.

Le juge ne peut rendre son ordonnance qu'après avoir reçu les réquisitions du parquet ; mais il n'est pas lié par ces réquisitions : il a toute liberté d'appréciation, sauf recours à la chambre d'accusation.

En réalité, le juge d'instruction peut rendre trois sortes d'ordonnances de clôture :

1° le non-lieu ;

2° le renvoi devant le tribunal correctionnel ou de simple police ;

3° le renvoi au procureur général à l'effet de saisir la chambre des mises en accusation.

A. — *Ordonnances de non-lieu.*

Les ordonnances de non-lieu doivent être motivées. Elles peuvent l'être de deux façons, en droit et en fait.

L'ordonnance de non-lieu est motivée en droit, lorsqu'elle déclare que les faits, objet de la poursuite, ne sont pas prévus par la loi pénale. Ces ordonnances peuvent être attaquées devant la chambre des mises en accusation et si elles ne sont pas attaquées, elles acquièrent force de chose jugée.

L'ordonnance de non-lieu est motivée en fait, lorsqu'elle déclare que les faits ne sont pas suffisamment établis.

Ces ordonnances motivées en fait ne sont pas définitivement libératoires, en ce sens que, si de nouvelles charges surgissent, le bénéficiaire de l'ordonnance peut être inculpé de nouveau (art. 246 et 247, C. inst. crim.).

B. — *Ordonnances de renvoi.*

Si le juge d'instruction estime que les faits qui lui sont soumis, constituent une contravention, il renvoie l'inculpé devant le tribunal de simple police ; en ce cas, il est obligé de le mettre en liberté.

S'il estime que les faits constituent un délit, il le renvoie devant le tribunal correctionnel.

Si le délit n'entraîne pas de peine d'emprisonnement, l'inculpé doit être mis en liberté. Dans le cas contraire, le prévenu détenu en vertu d'un mandat de dépôt ou d'arrêt reste en état de détention préventive par l'effet du mandat antérieurement décerné, sans qu'il soit nécessaire que l'ordonnance de renvoi contienne à cet égard une mention spéciale.

Il est à remarquer que, dans le cas où le délit est puni d'une peine inférieure à deux années d'emprisonnement, le juge d'instruction a été obligé de mettre le prévenu en liberté dans les 5 jours après l'interrogatoire, s'il est domicilié et s'il n'a pas été déjà condamné soit pour crime, soit à plus d'un an d'emprisonnement pour délit (art. 113, § 2, C. inst. crim.).

Si le juge estime que les faits constituent un crime, il ordonne que la procédure sera transmise au Procureur général pour être par ce magistrat requis ce qui il appartiendra. Le Procureur général est alors obligé de saisir la chambre des mises en accusation (art. 217 à 250, C. inst. crim.).

Nous donnons ci-après des spécimens de ces diverses ordonnances.

No du P. P.
No du P.
No du G.
No du J.

—

CABINET
du
JUGE D'INSTRUCTION

—

ORDONNANCE
de **non-lieu**

Conforme :
Vu au Parquet

TRIBUNAL DE 1re INSTANCE
DU DÉPARTEMENT DE LA SEINE.

———

Nous, N..

Juge d'instruction au tribunal de première instance du département de la Seine,

Vu la procédure instruite contre le nommé Y.... Charles-Albert, âgé de 32 ans, inculpé d'abus de confiance ;

Vu le réquisitoire de M. R..., substitut de M. le procureur de la République, en date du 15 février 1907 tendant à une ordonnance de non lieu à suivre :

Attendu que la marchandise n'avait pas été remise à Y ... en vertu de l'un des contrats limitativement énumérés dans l'article 408 du Code pénal ; — qu'en réalité, et bien que la nature du contrat ait été dissimulée dans la correspondance échangée entre Y... et Z.., elle lui avait été vendue à terme ;

Vu l'article 128 du Code d'instruction criminelle ;

Déclarons n'y avoir lieu à poursuivre,

Et ordonnons que Y...

sera sur-le-champ mis en liberté, s'il n'est détenu pour autre cause.

Fait en notre cabinet, au Palais de justice, à Paris, le 16 février mil neuf cent sept.

(Signé et scellé).

N° du P.

N° du G.

N° du J.

—

CABINET
du
JUGE D'INSTRUCTION

—

ORDONNANCE
de renvoi
devant le Tribunal
correctionnel

—

Conforme :

Vu au Parquet.

TRIBUNAL DE 1ʳᵉ INSTANCE

DU DÉPARTEMENT DE LA SEINE.

———

Nous, N...,

Juge d'instruction au tribunal de première instance du département de la Seine,

Vu la procédure instruite contre le nommé X... Auguste-Henri, âgé de 32 ans, inculpé de vol ;

Vu le réquisitoire de M. R..., substitut de M. le procureur de la République, en date du 15 février 1907, tendant au renvoi devant le Tribunal correctionnel pour vol ;

Attendu qu'il existe contre le susnommé,

Prévention suffisamment établie d'avoir, à Paris, le 7 janvier 1907, frauduleusement soustrait un porte-monnaie contenant 24 francs au préjudice du sieur V... ;

Attendu que le fait ci-dessus énoncé constitue le délit prévu et puni par les articles 379 et 401 du Code pénal, portant peines correctionnelles ;

Renvoyons X... Auguste-Henri devant le tribunal de police correctionnelle de la Seine, pour y être jugé conformément aux lois.

Fait en notre cabinet, au Palais de justice, à Paris, le 16 février mil neuf cent sept.

(Signé et scellé).

No du P.

No du G.

No du J.

—

CABINET
du
JUGE D'INSTRUCTION

—

ORDONNANCE
de transmission de
la procédure à
M. le Procureur
général.

—

Conforme :

Vu au Parquet

TRIBUNAL DE 1re INSTANCE

DU DÉPARTEMENT DE LA SEINE.

———

Nous, N...,

Juge d'instruction au tribunal de 1re instance du département de la Seine,

Vu la procédure instruite contre le nommé Z... Adrien-Charles, 29 ans, inculpé de vol qualifié ;

Vu le réquisitoire de M. S..., substitut de M. le procureur de la République, en date du 15 février 1907, tendant à la transmission des pièces à M. le procureur général ;

Exposons que de l'instruction résultent sommairement les faits suivants :

(*Exposé sommaire des faits établis par l'information, en précisant exactement les éléments constitutifs du crime et toutes ses circonstances.*)

Déclarons, en conséquence, qu'il existe prévention suffisamment établie contre le susnommé, d'avoir, à Paris, le 5 janvier 1907, frauduleusement soustrait une somme d'argent et des titres au préjudice de la dame R..., et ce :

1° Avec effraction dans un édifice ;

2° La nuit ;

3° Dans une maison habitée ;

Et attendu que ce fait constitue le crime prévu et puni par les articles 379, 381,§ 4,384 et 386 du Code pénal; qu'il est

4

passible de peines afflictives et infamantes;

Ordonnons, conformément aux articles 133 et 134 du Code d'instruction
criminelle, que les pièces de l'instruction, les procès-verbaux constatant le
corps du délit et un état des pièces à
conviction soient transmis à M. le procureur général près la Cour d'appel,
pour être ultérieurement procédé ainsi
que de droit.

Fait en notre cabinet, au Palais de
justice, à Paris, le 16 février mil neuf
cent sept.

(Signé et scellé).

TRIBUNAL
de
PREMIÈRE INSTANCE
du
département d
la Seine
—

N°

ORDONNANCE DE MISE EN LIBERTÉ

Nous, N....,

Juge d'instruction près le tribunal de première instance de la Seine, séant à Paris, mandons au directeur du dépôt de la préfecture de police de mettre sur-le-champ en liberté le nommé Y... Charles-Albert

S'il n'est détenu pour une autre cause.

Paris, le 15 février 1907.

Le juge d'instruction,

(Signé et scellé)

N°

Le directeur du dépôt soussigné,
Vu l'ordonnance de M. N...,

Juge d'instruction en date du 15 février 1907, certifie avoir mis immédiatement en liberté le nommé Y... Charles-Albert.

Paris, le   190

Nota.— Cette seconde partie de la pièce est détachée par le directeur du dépôt ou le gardien-chef qui après l'avoir remplie et signée, la remet à l'agent. Celui-ci la rapporte immédiatement au juge d'instruction qui l'attache au procès-verbal de première comparution.

§ 4. — Citation directe et flagrant délit.

Le procureur de la République doit nécessairement recourir à une instruction préparatoire quand il s'agit d'un crime mais il n'en est pas de même lorsque le fait ne constitue qu'un délit.

Il peut alors poursuivre, soit par citation directe, soit par voie de flagrant délit.

Quand la poursuite est exercée par voie de citation directe, le procureur de la République fait recueillir les renseignements nécessaires à l'aide d'enquêtes officieuses faites, soit par des officiers de police judiciaire, soit par la gendarmerie ; puis il cite directement le prévenu et les témoins à une audience déterminée du tribunal correctionnel.

Si l'inculpé a été arrêté en flagrant délit et si une instruction préparatoire ne semble pas indispensable, la poursuite est exercée conformément aux dispositions de la loi du 20 mai 1863 que nous reproduisons ci-dessous :

Art. 1er. — Tout inculpé arrêté en état de flagrant délit pour un fait puni de peines correctionnelles est immédiatement conduit devant le procureur impérial (procureur de la République) qui l'interroge, et, s'il y a lieu, le traduit sur-le-champ à l'audience du tribunal.

Dans ce cas, le procureur impérial (procureur de la République) peut mettre l'inculpé sous mandat de dépôt.

Art. 2. — S'il n'y a point d'audience, le procureur impérial (procureur de la République) est tenu de faire citer l'inculpé pour l'audience du lendemain, le tribunal est, au besoin, spécialement convoqué.

Art. 3. — Les témoins peuvent être verbalement requis par tout officier de police judiciaire ou agent de la force publique. Ils sont tenus de comparaître, sous les peines portées par l'article 157 du Code d'instruction criminelle.

Art. 4. — Si l'inculpé le demande, le tribunal lui accorde un délai de trois jours au moins pour préparer sa défense.

Art. 5. — Si l'affaire n'est pas en état de recevoir jugement, le tribunal en ordonne le renvoi, pour plus ample information, à l'une des plus prochaines audiences, et, s'il y a lieu, met l'inculpé provisoirement en liberté, avec ou sans caution.

Art. 6. — L'inculpé, s'il est acquitté, est immédiatement, et nonobstant appel, mis en liberté.

Art. 7. — La présente loi n'est point applicable aux délits de presse, aux délits politiques, ni aux matières dont la procédure est réglée par les lois spéciales.

Parmi les individus arrêtés en flagrant délit, il en existe une catégorie sur laquelle la police doit exercer plus spécialement sa surveillance ; ce sont les individus que l'on désigne comme étant en état de vagabondage spécial.

Les peines qui peuvent être infligées aux vagabonds de cette sorte, sont prévues par l'article 4 de la loi du 27 mai 1885, modifiée par celle du 3 avril 1903, article 2 :

Art. 2. — Le dernier paragraphe de l'article 4 de la loi du 27 mai 1885 est modifié ainsi qu'il suit :

« Sont considérés comme gens sans aveu et seront punis des peines édictées contre le vagabondage tous les individus qui, soit qu'ils aient ou non un domicile certain, ne tirent

4.

habituellement leur subsistance que du fait de pratiquer ou de faciliter sur la voie publique, l'exercice de jeux illicites.

« Seront punis d'un emprisonnement de trois mois à deux ans et d'une amende de cent francs à mille francs, avec interdiction de séjour de cinq à dix ans, tous indivi‑dus ayant fait métier de souteneur.

« Sont considérés comme souteneurs, ceux qui aident, assistent ou protègent la prostitution d'autrui sur la voie publique et en partagent sciemment les profits. »

§ 5. — Des tribunaux de répression.

Combien y a-t-il de juridictions répressives de droit commun ?

Il y en a trois qui sont :

1º Le tribunal de simple police ;

2º Le tribunal de police correctionnelle, dont les ju‑gements sont, en cas d'appel, soumis à la chambre des appels correctionnels de la Cour d'appel :

3º La Cour d'assises.

Tribunal de simple police.

Le tribunal de simple police est présidé par un juge de paix, et comprend, en outre, le magistrat du minis‑tère public et le greffier.

Tribunal correctionnel.

Le tribunal correctionnel est composé d'un président, de deux juges, d'un magistrat du ministère public et d'un greffier.

C'est le procureur de la République lui-même qui est chargé des fonctions du ministère public ; mais il peut se faire remplacer par un substitut.

Chambre des appels correctionnels.

La chambre des appels correctionnels est composée d'un président, de quatre conseillers et d'un greffier.

C'est un avocat général qui remplit les fonctions de ministère public, mais, en cas d'empêchement, il peut se faire remplacer par un substitut du procureur général.

Cour d'assises.

(art. 251 à 290 inclus. Code Instr. crim.).

De la formation des cours d'assises.

ART. 251. — Il sera tenu des assises dans chaque département pour juger les individus que la Cour royale (Cour d'appel) y aura renvoyés.

ART. 252. (L. 25 février 1901.) — Dans tous les départements, les assises seront tenues par un conseiller de la Cour d'appel délégué à cet effet, qui sera président, et par deux juges pris, soit parmi les conseillers de la Cour d'appel, soit parmi les présidents ou juges du tribunal de première instance du lieu de la tenue des assises.

Les présidents ou juges du tribunal de première instance du lieu de la tenue des assises, appelés à faire partie de la Cour d'assises, seront désignés par le premier président qui prendra préalablement l'avis du procureur général.

Ces désignations seront faites et publiées selon la forme et dans les délais déterminés par les articles 79 et 80 du décret du 6 juillet 1810.

A partir du jour de l'ouverture de la session, le président des assises pourvoira au remplacement des assesseurs régulièrement empêchés et désignera, s'il y a lieu les assesseurs supplémentaires.

Art. 253. (L. 25 février 1901.) — Dans les départements où siègent les Cours d'appel, les fonctions du ministère public auprès de la Cour d'assises seront remplies, soit par le procureur général, soit par un des avocats généraux, soit par un des substituts du procureur général. Le greffier de la Cour y exercera ses fonctions par lui-même ou par l'un de ses commis assermentés.

Dans les autres départements, les fonctions du ministère public auprès de la Cour d'assises seront remplies par le procureur de la République près le tribunal ou par l'un de ses substituts, sans préjudice des dispositions contenues dans les articles 265, 271 et 284. Le greffier du tribunal y exercera ses fonctions par lui-même ou par l'un de ses commis assermentés.

§ 6. — Du jury.

Des conditions requises pour être juré.

Les conditions requises pour être juré sont déterminées par la loi du 21 novembre 1872.

Art. 1er. — Nul ne peut remplir les fonctions de juré, à peine de nullité des déclarations de culpabilité auxquelles il aurait concouru, s'il n'est âgé de trente ans accomplis, s'il ne jouit des droits politiques, civils et de famille, ou s'il est dans un des cas d'incapacité ou d'incompatibilité établis par les deux articles suivants :

Art. 2. — Sont incapables d'être jurés :

1° Les individus qui ont été condamnés soit à des peines

afflictives et infamantes, soit à des peines infamantes seulement ;

2º Ceux qui ont été condamnés à des peines correctionnelles pour faits qualifiés crimes par la loi ;

3º Les militaires condamnés au boulet ou aux travaux publics ;

4º Les condamnés à un emprisonnement de trois mois au moins ; toutefois, les condamnations pour délits politiques ou de presse n'entraîneront que l'incapacité temporaire dont il est parlé au paragraphe 11 du présent article ;

5º Les condamnés à l'amende ou à l'emprisonnement, quelle qu'en soit la durée, pour vol, escroquerie, abus de confiance, soustraction commise par des dépositaires publics, attentats aux mœurs prévus par les articles 330 et 334 du Code pénal, délit d'usure ; les condamnés à l'emprisonnement pour outrage à la morale publique et religieuse, attaque contre le principe de la propriété et les droits de famille, délits commis contre les mœurs par i'un des moyens énoncés dans l'article 1er de la loi du 17 mai 1819 ; pour vagabondage ou mendicité ; pour infraction aux dispositions des articles 60, 63 et 65 de la loi sur le recrutement de l'armée (la loi du 27 juillet 1872 visée, est remplacée aujourd'hui par la loi du 15 juillet 1889, art. 69,70, 72), et aux dispositions de l'article 423 du Code pénal, de l'article 1er de la loi du 27 mars 1851 et de l'article 1er de la loi des 5-9 mai 1855 ; pour les délits prévus par les articles 134, 142, 143, 174, 251, 305, 345, 362, 363, 364, § 3, 365, 366, 387, 389, 399, § 2, 400, § 2, 418 du Code pénal.

6º Ceux qui sont en état d'accusation de contumace ;

7º Les notaires, greffiers et officiers ministériels destitués ;

8º Les faillis non réhabilités dont la faillite a été déclarée soit par les tribunaux français, soit par jugement rendu à l'étranger mais exécutoire en France ;

9° Ceux auxquels les fonctions de juré ont été interdites en vertu de l'article 396 du Code d'instruction criminelle ou de l'article 42 du Code pénal ;

10° Ceux qui sont sous mandat d'arrêt ou de dépôt ;

11° Sont incapables, pour cinq ans seulement, à dater de l'expiration de leur peine, les condamnés à un emprisonnement de moins de trois mois pour quelque délit que ce soit, même pour les délits politiques ou de presse ;

12° Sont également incapables les interdits, les individus pourvus de conseils judiciaires, ceux qui sont placés dans un établissement public d'aliénés, en vertu de la loi du 30 juin 1838.

Art. 3. — Les fonctions de juré sont incompatibles avec celles de député, de ministre, membre du Conseil d'Etat, membre de la Cour des Comptes, sous-secrétaire d'Etat ou secrétaire général d'un ministère, préfet et sous-préfet, secrétaire général de préfecture, conseiller de préfecture, membre de la Cour de cassation ou des Cours d'appel, juge titulaire ou suppléant des tribunaux civils et des tribunaux de commerce, officier du ministère public près les tribunaux de première instance, juge de paix, commissaire de police, ministre d'un culte reconnu par l'Etat, militaire de l'armée de terre ou de mer en activité de service et pourvu d'emploi, fonctionnaire ou préposé du service actif des douanes, des contributions indirectes, des forêts de l'Etat et de l'administration des télégraphes, instituteur primaire communal.

Art. 4. — Ne peuvent être jurés les domestiques et serviteurs à gages, ceux qui ne savent pas lire et écrire en français.

Art. 5. — Sont dispensés des fonctions de jurés :

1° Les septuagénaires ;

2° Ceux qui ont besoin pour vivre de leur travail manuel et journalier ;

3º Ceux qui ont rempli les dites fonctions pendant l'année courante ou l'année précédente, etc..).

De la manière de former et de convoquer le jury.

La formation et la convocation du jury sont prévues par les articles 393, 394, 395 du Code d'instruction criminelle.

Art. 393 (L. 28 avril 1832). — Au jour indiqué pour le jugement de chaque affaire, s'il y a moins de trente jurés présents, le nombre sera complété par les jurés supplémentaires mentionnés en l'article 388, lesquels seront appelés dans l'ordre de leur inscription sur la liste formée en vertu dudit article.

En cas d'insuffisance, le président désignera, en audience publique et par la voie du sort, les jurés qui devront compléter ie nombre de trente.

Ils seront pris parmi ceux des individus inscrits sur la liste dressée en exécution de l'article 387 qui résideront dans la ville où se tiendront les assises, et subsidiairement parmi les autres habitants de cette ville qui seront compris dans les listes prescrites par l'article 382.

Les dispositions de l'article 391 ne s'appliquent pas aux remplacements opérés en vertu du présent article.

(Cet article se combine avec les dispositions des articles 15 et 19 de la loi du 21 novembre 1872.)

Art. 394 (L. 28 avril 1832). — Le nombre de douze jurés est nécessaire pour former un jury.

Lorsqu'un procès criminel paraîtra de nature à entraîner de longs débats, la Cour d'assises pourra ordonner, avant le tirage de la liste des jurés, qu'indépendamment de douze jurés il en sera tiré au sort un ou deux autres qui assisteront aux débats.

Dans le cas où l'un ou deux des douze jurés seraient empêchés de suivre les débats jusqu'à la déclaration définitive du jury, ils seront remplacés par les jurés suppléants.

Le remplacement se fera suivant l'ordre dans lequel les jurés suppléants auront été appelés par le sort.

ART. 395. — La liste des jurés sera notifiée à chaque accusé la veille du jour déterminé pour la formation du tableau : cette notification sera nulle, ainsi que tout ce qui aura suivi, si elle est faite plus tôt ou plus tard.

§ 7. — Du casier judiciaire et des sommiers judiciaires.

Casier judiciaire.

L'article 600 du Code d'instruction criminelle porte :

« Les greffiers des tribunaux correctionnels et des Cours d'assises seront tenus de consigner, par ordre alphabétique, sur un registre particulier, les noms, prénoms, professions, âge et résidences de tous les individus condamnés à un emprisonnement correctionnel ou à une plus forte peine :

« Ce registre contiendra une notice sommaire de chaque affaire et de la condamnation, à peine de 50 francs d'amende pour chaque omission. »

Les articles 601 et 602 du même Code ajoutent :

ART. 601. — « Tous les trois mois, les greffiers enverront, sous peine de 100 francs d'amende, copie de ces registres au Ministère de la justice et à celui de la police générale (actuellement au Ministère de l'Intérieur). »

ART. 602. — « Ces deux Ministres feront tenir dans la même forme, un registre général composé de ces diverses copies. »

On espérait, à l'aide de ces renseignements, établir une sorte de répertoire pouvant fournir à la justice les renseignements nécessaires. Mais l'encombrement qui ne tarda pas à se produire, rendit les recherches extrêmement difficiles.

C'est alors que, pour remédier à cette situation, le Garde des Sceaux créa en 1852 les Casiers judiciaires.

La base de cette institution repose sur la concentration au lieu de naissance de tous les renseignements relatifs à la situation pénale de tout individu. Pour les personnes qui ne sont pas nées en France ou dont l'origine est inconnue, le casier se trouve au Ministère de la Justice (Casier Central).

Le casier a d'abord été organisé administrativement par de simples circulaires ; puis, plus tard, la loi du 5 août 1899, modifiée par celle du 11 juillet 1900, a consacré législativement cette institution.

Les bulletins n° 1 (blancs) sont ceux qui sont établis au moment où intervient chaque décision ; ils sont classés au casier du chef-lieu d'origine (un distinct pour chaque condamné). — Un duplicata est adressé aux autorités militaires ou maritimes pour les individus encore soumis à ces services. — Lorsqu'il y a lieu, un autre duplicata est adressé au casier électoral qui, après annotation, le fait parvenir au préfet ou au sous-préfet du lieu d'origine. — Pour les étrangers, le bulletin n° 1 est adressé au ministère de la justice où ils sont centralisés. — Un duplicata peut être nécessaire pour un échange international.

5

Les relevés des mentions constatées au casier par des bulletins n° 1 sont faits, soit sur des bulletins n° 2, soit sur des bulletins n° 3.

Le bulletin n° 2 (bulle) est destiné aux parquets, préfecture de police, etc... Il contient le relevé intégral de tous les bulletins n° 1 classés au casier.

Le bulletin n° 3 (sur papier gris bleu) est destiné aux intéressés et ne mentionne que certaines condamnations.

L'article 11 de la loi du 5 août 1899 (modifiée par la loi du 11 juillet 1900), dit : « Quiconque aura pris le nom d'un tiers, dans des circonstances qui ont déterminé ou auraient pu déterminer l'inscription d'une condamnation au casier de ce tiers, sera puni de six mois à cinq ans d'emprisonnement, sans préjudice des poursuites à exercer pour le crime de faux. — Sera puni de la même peine, celui qui, par de fausses déclarations relatives à l'état civil d'un inculpé, aura sciemment été la cause de l'inscription d'une condamnation sur le casier judiciaire d'un autre que cet inculpé. »

Sommiers judiciaires.

Malgré l'établissement des Casiers judiciaires, les dispositions des art. 600, 601 et 602 continuent à être observées. C'est grâce aux états fournis en exécution de ces articles que fonctionne le service des sommiers judiciaires.

Au reçu des états mentionnés dans l'article 601 du Code d'instruction criminelle, le Préfet de police les fait parvenir à la 1re section du service de l'identité judiciaire, à Paris, 36, Quai des Orfèvres.

A la réception de ces états dans ce service merveilleusement organisé et qui, depuis une quinzaine d'années, a pris un si grand développement, les employés inscrivent sur les fiches des individus déjà connus la nouvelle condamnation et établissent une fiche pour les condamnés primaires.

Par suite, on peut dire que la 1re section du service de l'identité judiciaire doit être considérée comme une sorte de casier central pour tout le territoire français.

Ce service est chargé de la confection des sommiers judiciaires, ainsi que de la délivrance des extraits aux magistrats instructeurs.

Le garde des sceaux, dans sa circulaire du 24 octobre 1894, a invité tous les procureurs généraux à prescrire aux Parquets de leur ressort, l'envoi au service de l'identité judiciaire, de tous les avis de mandats.

Après en avoir pris note, les mêmes avis sont communiqués à la partie judiciaire du service de la sûreté ; là, on établit une fiche indiquant qu'un nommé X... a été signalé par la section déjà nommée, comme ayant été placé sous le coup d'un mandat d'amener ou d'arrêt par le juge d'instruction de..... pour.....

Ces avis sont abandonnés par le service de l'identité judiciaire au service de la sûreté qui les garde dans ses archives.

Cette méthode offre un grand avantage, car son observation permet d'appliquer immédiatement la pièce à l'individu qui vient d'être écroué ou tout au moins de le garder jusqu'à plus amples informations.

Par réciprocité, la partie judiciaire du service de la sûreté communique à la 1re section de l'identité judiciaire les avis et mandats qu'elle reçoit directement de la province.

Pour le Parquet de Paris, elle ne communique que les mandats d'arrêt, les notes émanant du 1er bureau de la 1re division prescrivant l'arrestation de sujets en vue d'une demande d'extradition ultérieure et les avis des jeunes détenus évadés.

Le classement de la 1re section du service de l'identité judiciaire comprend, en plus des individus ayant déjà été condamnés, les déserteurs, les insoumis, les évadés des pénitenciers, les étrangers expulsés de France en vertu de la loi du 3 décembre 1849 et les condamnés atteints par l'article 19 de la loi du 27 mai 1885 sur les récidivistes.

Les individus placés dans cette dernière catégorie sont ceux qui ne peuvent résider ou paraître, à moins d'autorisation spéciale, dans les arrondissements et localités dont la nomenclature leur a été indiquée au moment de leur libération.

La 2e section du service de l'identité comprend l'anthropométrie.

C'est là que l'on mensure les individus arrêtés, que

sont relevés les signes particuliers et cicatrices, empreintes digitales,etc...,et qu'on procède aux recherches d'identité.

Cette section communique tous les jours, à la partie judiciaire du service de la sûreté, une liste nominative des individus écroués au dépôt sous un faux nom et reconnus anthropométriquement.

Par une circulaire ministérielle en date du 23 mars 1897, il est prescrit de surseoir à la formalité anthropométrique à l'égard des détenus ou accusés pour faits politiques, délits de presse, affaires de simple police et pour les personnes jouissant d'une notoriété publique.

Un arrêté du Préfet de police, en date du 6 mars 1895, a créé un cours de signalement où chaque inspecteur doit assister durant trente leçons au moins dans les premiers mois de son admission à l'administration.

On ne saurait trop applaudir à cette mesure de prévoyance qui est d'une très grande utilité pour les inspecteurs.

Enfin, la même section centralise les déclarations de pertes de papiers d'état civil dans le ressort de la préfecture de police.

La 3ᵉ section ne s'occupe que des photographies dont un exemplaire est transmis au service de la sûreté.

Comme on le verra plus loin, ce document est indispensable dans bien des circonstances et notamment pour arriver à établir l'identité des individus recherchés.

§ 8. — De la prescription.

Il y a deux prescriptions différentes qu'il faut soigneusement distinguer : la prescription de l'action publique et la prescription de la peine.

1° *Prescription de l'action publique.* — Le ministère public ne peut plus, au nom de la société, poursuivre un délinquant, lorsqu'il s'est écoulé un certain délai depuis l'infraction.

2° *Prescription de la peine.* — Le ministère public ne peut plus faire exécuter la peine, s'il s'est écoulé un certain délai depuis la condamnation.

Elle s'oppose à l'exécution tardive de la peine.

Les motifs de cette prescription sont les suivants :

1° La peine tardivement exécutée ne serait plus exemplaire ; le public qui n'a plus le souvenir du crime ou du délit présent, trouverait une disproportion entre la répression et la faute ;

2° Le législateur suppose que le crime a été expié par le remords.

Les délais de la prescription sont prévus par les articles 635 à 643 inclus du Code d'instruction criminelle.

Art. 635. — Les peines portées par les arrêts ou jugements rendus en matière criminelle se prescriront par vingt années révolues à compter de la date des arrêts ou jugements.

Néanmoins le condamné ne pourra résider dans le département où demeureraient, soit celui sur lequel ou contre la propriété duquel le crime aurait été commis, soit ses héritiers directs.

Le gouvernement pourra assigner au condamné le lieu de son domicile.

Art. 636. — Les peines portées par les arrêts ou jugements rendus en matière correctionnelle, se prescriront par cinq années révolues à compter de la date de l'arrêt ou du jugement rendu en dernier ressort et à l'égard des peines prononcées par les tribunaux de première instance à compter du jour où ils ne pourront plus être attaqués par la voie de l'appel.

Art. 637. — L'action publique et l'action civile résultant d'un crime de nature à entraîner la peine de mort ou des peines afflictives perpétuelles ou de tout autre crime emportant peine afflictive ou infamante se prescriront après dix années révolues à compter du jour où le crime aura été commis si dans cet intervalle il n'a été fait aucun acte d'instruction ni de poursuite.

S'il a été fait dans cet intervalle, des actes d'instruction ou de poursuite non suivis de jugement, l'action publique et l'action civile ne se prescriront qu'après dix années révolues, à compter du dernier acte, à l'égard même des personnes qui ne seraient pas impliquées dans cet acte d'instruction ou de poursuite.

Art. 638. — Dans les deux cas exprimés en l'article précédent, et suivant les distinctions d'époques qui y sont établies, la durée de la prescription sera réduite à trois années révolues s'il s'agit d'un délit de nature à être puni correctionnellement.

Art. 639. — Les peines portées par les jugements rendus pour contraventions de police seront prescrites après deux années révolues ; savoir, pour les peines prononcées par arrêt ou jugement en dernier ressort, à compter du jour de l'arrêt, et à l'égard des peines prononcées par les tribunaux de première instance où ils ne pourront plus être attaqués par la voie de l'appel.

Art. 640. — L'action publique et l'action civile pour une contravention de police, seront prescrites après une année révolue, à compter du jour où elle aura été commise, même lorsqu'il y aura procès-verbal, saisie, instruction ou poursuite, si dans cet intervalle il n'est point intervenu de condamnation, s'il y a eu un jugement définitif de première instance, de nature à être attaqué par la voie de l'appel, l'action publique et l'action civile se prescriront après une année révolue, à compter de la notification de l'appel qui en aura été interjeté.

Art. 641. — En aucun cas, les condamnés par défaut ou par contumace, dont la peine est prescrite, ne pourront être admis à se présenter pour purger le défaut ou la contumace.

Art. 642. — Les condamnations civiles portées par les arrêts ou par les jugements rendus en matière criminelle, correctionnelle ou de police et devenues irrévocables, se prescriront d'après les règles établies par le Code civil.

Art. 643. — Les dispositions du présent chapitre ne dérogent point aux lois particulières relatives à la prescription des actions résultant de certains délits ou de certaines contraventions.

Il y a des prescriptions spéciales, notamment en matière de pêche, de chasse et de presse. Ainsi les délits de presse se prescrivent par trois mois révolus à compter du jour où elles ont été commises ou du jour du dernier acte de poursuite, s'il en a été fait.

Effets de la prescription.

La prescription accomplie s'oppose à l'exécution de la peine ; toutefois les peines accessoires, telles que la dégradation civique ou l'interdiction de séjour, ne s'éteignent pas par la prescription.

De plus, le condamné pour crime qui a prescrit sa peine, ne peut résider dans le département où demeurent, soit celui sur lequel ou contre la propriété duquel le crime a été commis, soit ses héritiers directs (art. 635, C. inst. crim.).

§ 9. — Amnistie, grâce et réhabilitation.

Nous venons de voir que la peine disparaît par l'effet de la prescription. Il existe, en outre, trois autres causes d'extinction des peines. Ce sont :

1° l'amnistie ;
2° la grâce ;
3° la réhabilitation.

1° De l'amnistie.

C'est un acte du pouvoir législatif qui, dans une pensée d'apaisement social, ordonne l'oubli de certaines infractions ou de certaines condamnations.

Effets de l'amnistie.

L'amnistie efface la condamnation et enlève à l'infraction tout caractère délictueux, même rétroactivement.

Les amendes prononcées en vertu de la condamnation ne sont pas dues par le condamné et, à partir du jour où l'amnistie est intervenue, le recouvrement ne peut plus en être poursuivi.

Si l'amnistié commet une infraction nouvelle, il n'est pas pour cela en état de récidive, l'amnistie, en effet, a effacé la première condamnation.

2o De la grâce.

La grâce est un acte du chef de l'Etat qui, préférant la clémence à la rigueur des lois, fait à un condamné remise totale ou partielle de sa peine.

La grâce suppose la culpabilité, aussi ne peut-elle intervenir qu'à deux conditions : d'abord, après le jugement de condamnation ; ensuite, après que la condamnation est devenue définitive.

La grâce n'efface pas la condamnation ; si l'individu grâcié commet une seconde infraction, il peut être récidiviste (art. 56, C. pén.).

A côté de la grâce, figurent deux institutions qui ont aussi pour effet, tout en laissant subsister le jugement de condamnation, de dispenser le condamné de subir tout ou partie de sa peine. Ce sont : la libération conditionnelle et le sursis à l'exécution de la peine.

La libération conditionnelle n'est pas un droit, mais une faveur dont l'administration apprécie l'opportunité.

La libération conditionnelle, votée le 14 août 1885, permet de mettre en liberté conditionnellement les condamnés qui ont fait preuve de bonne conduite pendant qu'ils subissaient la première moitié de leur peine.

L'individu ainsi libéré reste, jusqu'à l'expiration de sa peine, sous la surveillance morale de l'administration.

La loi Bérenger ou de sursis à l'exécution de la peine est une loi qui permet aux juges de suspendre pendant cinq années l'exécution de la première condamnation. L'application est abandonnée à l'appréciation du juge, elle reste une faculté à la disposition du magistrat et non une obligation.

Ceux qui en bénéficient n'ont pas pour cela un casier judiciaire vierge, la condamnation y est inscrite avec la mention « sursis ». Mais si, pendant ces cinq années, aucune nouvelle condamnation à l'emprisonnement ou à une peine plus grave n'intervient, la condamnation prononcée avec sursis disparaît : il s'opère une véritable réhabilitation de droit.

3° De la réhabilitation.

A. — GÉNÉRALITÉS.

Définition. — La réhabilitation est une sorte de *restitutio in integrum* qui a pour effet de rendre à celui qui s'en est rendu digne, l'intégrité de son état ancien. Elle a pour objet d'exciter le condamné qui a subi sa peine, à revenir au bien, en effaçant les fautes qu'il a pu commettre, et en faisant disparaître, pour l'avenir, la condamnation et les conséquences qui en étaient résultées.

Distinction entre la réhabilitation de plein droit et la réhabilitation judiciaire. — En vertu de l'article 10 de la loi du 5 août 1899, lorsqu'il s'est écoulé, suivant le cas, 10 ans, 15 ans ou 20 ans, sans qu'un individu condamné dans les conditions déterminées par cette loi ait subi de nouvelles condamnations, pendant une première partie du délai, à une peine quelconque, et, pendant la seconde partie, à une peine autre que l'amende, la réhabilitation lui est acquise de plein droit : le fai que cet individu n'a pas été de nouveau condamné fait présumer qu'il est revenu au bien et toutes traces des fautes passées doivent disparaître.

A côté de cette réhabilitation, résultant du bienfait de la loi, existe la réhabilitation judiciaire ouverte à tous ceux qui, après un délai d'épreuve dont le minimum de durée est fixé par la loi, peuvent prouver qu'ils se sont corrigés et sont revenus au bien : l'autorité judiciaire a un pouvoir absolu d'appréciation pour accorder ou refuser, suivant les résultats de l'enquête, la faveur sollicitée. La réhabilitation judiciaire ne fait pas double emploi avec la réhabilitation de droit ; en effet, elle peut intervenir dans un délai plus court ; de plus, elle est ouverte à tous les condamnés sans exception, quels que soient leurs antécédents.

Effets. — Qu'elle ait lieu de plein droit ou qu'elle soit prononcée par arrêt de la chambre d'accusation, la réhabilitation produit les mêmes effets.

En premier lieu, elle efface la condamnation (C. inst. crim., art. 634). Par suite, la condamnation disparaît du casier judiciaire et elle ne peut compter ni pour la récidive ni pour la relégation.

En second lieu, elle fait cesser, pour l'avenir, toutes les incapacités résultant de la condamnation (C. inst. crim., art. 634).

B. — Réhabilitation de droit.

Condamnations auxquelles ne s'applique pas la réhabilitation de droit. — Les lois du 5 août 1899 et du 11 juillet 1900 ne prévoient que les condamnations pour crime ou délit ; elles ne s'occupent à aucun point de vue des contraventions de simple police ; par suite, la réhabilitation de droit ne pourra effacer les condamnations de cette nature.

Conditions de la réhabilitation. — *Délai d'épreuve.* — La seule condition imposée est de n'avoir subi, pendant le délai d'épreuve, aucune condamnation nouvelle faisant obstacle à la réhabilitation. La durée de ce délai d'épreuve est fixée par l'article 10 de la loi :

1° à 10 ans : — au cas de condamnation unique à six mois ou à moins de six mois d'emprisonnement ou à cette peine jointe à une amende : — au cas de condamnations à des amendes, quels qu'en soient le nombre et le taux.

2° à 15 ans : — A) au cas de condamnation unique à une peine d'emprisonnement de six mois et un jour à deux ans ; au cas de condamnation à deux ans de travaux publics ; — B) au cas de condamnations multiples dont l'ensemble ne dépasse pas un an ; — C) au cas de condamnation à ces peines jointes à des amendes ;

3° à 20 ans, au cas de condamnation unique : — à plus de deux années d'emprisonnement ou de travaux publics ; — à la réclusion ; — à la détention ; — aux travaux forcés à temps ; — à l'une de ces peines, jointe à une amende.

Le point de départ du délai est celui fixé pour la prescription des mentions au bulletin n° 3.

Première période. — Ce délai d'épreuve comprend deux périodes bien distinctes. La première qui est, suivant le cas, de 2, 5, 10 ou 15 ans, se confond avec celle fixée pour acquérir la prescription de l'inscription au bulletin n° 3. — Pendant cette première période, il ne doit être prononcé aucune condamnation nouvelle pour crime ou délit, à quelque peine que ce soit, même à l'amende la plus légère.

Deuxième période. — La seconde période commence le lendemain du jour où est acquise la prescription de la mention au bulletin n° 3 et s'achève, suivant le cas, au bout de 10, 15 ou 20 ans.

Il faut que, pendant toute la durée de cette seconde période, le condamné ne subisse aucune nouvelle condamnation à une peine autre que l'amende.

Lorsqu'une condamnation à une peine corporelle intervient sur une poursuite pour crime ou délit, les conséquences varient suivant la durée des peines prononcées. — Si la durée totale des deux peines réunies n'excède pas un an, la réhabilitation pourra être obtenue, mais au bout d'une nouvelle période de quinze ans qui aura pour point de départ le jour où expire la seconde peine prononcée. Si elle excède un an, le condamné ne peut plus désormais obtenir le bénéfice de la réhabilitation de droit

Mais, s'il s'agit d'une simple amende, il résulte des termes mêmes de l'article 10 que cette condamnation, survenant dans la seconde période du délai d'épreuve, ne crée aucun obstacle à la réhabilitation de droit et ne modifie pas la durée du délai.

Enfin il ne doit pas être tenu compte des condamnations à l'amende ou à l'emprisonnement prononcées pour contraventions de simple police : c'est ce qui résulte de la combinaison des articles 9 et 10 ;

Il semble au contraire, depuis les dernières instructions de la Chancellerie, qu'il faille tenir compte des condamnations à l'amende pour contraventions fiscales (contributions indirectes, douanes, forêts, octrois, postes.

C. — RÉHABILITATION JUDICIAIRE EN MATIÈRE
CRIMINELLE ET CORRECTIONNELLE.

Par qui la demande doit être formée. — Le droit de former une demande en réhabilitation en matière correctionnelle ou criminelle est inhérent à la personne du condamné et n'est pas transmissible à ses héritiers ; ceux-ci ne peuvent, par suite, former une demande en réhabilitation de la mémoire de leur auteur décédé (Paris, 19 fév. 1897).

Un étranger a qualité pour demander sa réhabilitation, si la condamnation prononcée émane d'un tribunal français.

Procédure. — Pièces à fournir par les condamnés. — Le condamné qui demande à être réhabilité, doit remettre au procureur de la République de l'arrondissement où il réside :

1° Une supplique rédigée sur timbre, où il indique la date et la nature des condamnations encourues, le lieu où il a subi les peines prononcées, les localités où il a résidé ; il expose ensuite le but de sa demande et les motifs qu'il croit devoir invoquer à l'appui. Cette pièce doit être signée par lui ; sa signature est légalisée par le maire et par le sous-préfet. S'il ne sait signer, il y supplée par une mention du maire ou du juge de paix qui déclare qu'il a été donné lecture à l'intéressé, que celui-ci a déclaré que cette supplique est bien la manifestation de sa pensée et a ajouté qu'il ne pouvait ou ne savait signer ;

2º La quittance de l'amende et des frais. Il suffit de la quittance à souche revêtue du timbre de 25 centimes ; il ne convient d'exiger la production d'une quittance sur papier timbré de dimension que lorsqu'il s'agit de condamnations recouvrées par les receveurs de l'enregistrement avant la mise à exécution de la loi du 29 décembre 1873.

Au cas où l'amende et les frais n'ont pas été payés, il est produit un certificat sur timbre constatant que la contrainte par corps a été subie pendant le temps légal ;

3º Un certificat de la partie lésée attestant que les dommages-intérêts ont été payés ; cette pièce est également sur timbre et les signatures doivent être légalisées ;

4º Si la partie lésée n'a pu être retrouvée ou si elle a refusé de recevoir les dommages-intérêts, un certificat sur timbre du receveur particulier ou du trésorier général attestant que le dépôt à la Caisse des dépôts et consignations a été effectué.

Les autres pièces que le demandeur joindrait à sa requête ne doivent pas être acceptées.

Arrêt de la Cour. — La chambre des mises en accusation prononce souverainement sur les demandes en réhabilitation.

Elle statue en chambre du conseil, après avoir entendu le procureur général et la partie ou son conseil (C. inst. crim., art. 628). L'arrêt est rendu également en chambre du conseil et ne doit jamais être prononcé en audience publique (Circ. Chanc., 14 oct. 1885).

§ 10. — De l'extradition.

Qu'est-ce que l'extradition ?

C'est, suivant la définition donnée par M. G. Le Poittevin (*C. d'Instr. crim. ann.*, app. aux art. 5, 6 et 7), l'acte par lequel un Etat, dit *Etat requis* ou *pays de refuge*, sur le territoire duquel s'est réfugié un individu qui, dans un autre pays, est l'objet d'une prévention, d'une mise en accusation ou d'une condamnation, le livre aux autorités de cet Etat, dit *Etat requérant*.

Cette question est devenue intéressante depuis que les communications entre pays sont plus faciles.

Caractères de l'extradition.

L'extradition a lieu pour presque tous les crimes et pour la plupart des délits correctionnels punis d'emprisonnement. Ces crimes et délits sont spécifiés dans des traités internationaux ; mais un grand nombre d'Etats admettent l'extradition, en vertu de *déclarations de réciprocité*, pour des faits non prévus aux traités.

L'extradition n'existe pas pour les crimes politiques.

Les Etats ne livrent pas, en général, leurs nationaux. Mais tout individu ayant commis à l'étranger un crime ou un délit et étant revenu dans sa patrie peut être poursuivi par les tribunaux de son pays (art. 5, 6 et 7, C. inst. crim.).

Procédure de l'extradition.

La demande d'extradition est engagée à la requête du

procureur de la République du lieu où l'information est suivie ; ce magistrat saisit le Ministre de la justice, par l'intermédiaire du Procureur général.

Le Ministre de la justice avise le Ministre des affaires étrangères et la procédure devient alors diplomatique.

Effets de l'extradition.

L'extradé ne peut être jugé que pour les crimes qui ont entraîné l'extradition.

Si un doute s'élève sur la portée de l'acte d'extradion, la question est tranchée par voie diplomatique.

Si l'extradition est accordée en dehors des cas prévus par les traités, on peut juger l'individu livré, car l'extradition est une faculté qui s'exerce dans la mesure des conventions spéciales intervenues entre le pays requérant et le pays requis.

Il est essentiel que les crimes ou délits donnant lieu à une demande d'extradition soient punis par les lois des deux pays.

CHAPITRE IV

RÈGLES SPÉCIALES

à suivre par les officiers et agents de la police judiciaire
dans les missions qui leur sont confiées.

SECTION I

EXÉCUTION DE MANDATS, JUGEMENTS ET ARRÊTS.

§ 1er. — Mandats de justice.

Le Code d'instruction criminelle énumère quatre mandats : deux tendent à l'interrogatoire, deux autres à
l'arrestation préventive.

On peut dire que les mandats sont des ordonnances
du juge d'instruction qui ont pour but de mettre l'inculp-
pé soit *en présence*, soit *sous la main de la justice*.

Les deux mandats qui tendent à l'interrogatoire sont :
le mandat de comparution. L'art. 91, C. inst. crim. qui
le prévoit, dit : « En matière criminelle ou correctionnelle, le juge d'instruction pourra ne décerner qu'un
mandat de comparution, sauf à convertir ce mandat,
après interrogatoire, en tel autre mandat qu'il appartiendra.

Si l'inculpé fait défaut, le juge d'instruction décernera contre lui un mandat d'amener, prévu par l'article 92 du même Code, qui dit : « Il peut aussi donner des mandats d'amener contre les témoins qui refusent de comparaître sur la citation à eux donnée, conformément à l'article 80 et sans préjudice de l'amende portée en cet article.

Dans le cas de mandat de comparution, la personne qui en fait l'objet ne sera pas écrouée et devra être conduite de suite devant le juge d'instruction.

En cas d'arrestation en vertu d'un mandat d'amener, la personne pourra être écrouée, mais elle devra être interrogée dans les 24 heures au plus tard de l'entrée de l'inculpé dans la maison de dépôt ou d'arrêt.

Les deux mandats qui tendent à l'arrestation préventive sont :

le mandat de dépôt prévu par l'article 95 ;

le mandat d'arrêt prévu par l'article 96 du Code d'instruction criminelle.

Une règle commune à tous les mandats est formulée par l'article 95 du Code d'instruction criminelle qui dit : « Les mandats de comparution, d'amener et de dépôt seront signés par celui qui les aura décernés et munis de son sceau. Le prévenu y sera nommé ou désigné le plus clairement qu'il sera possible. »

Les mandats non signés du juge sont nuls (Cass., 5 sept. 1817).

Ces formalités ont pour but d'en assurer l'authenti
cité.

Les mandats de comparution, d'amener, de dépôt ou
d'arrêt, sont notifiés par un huissier ou par un agent
de la force publique, lequel doit en faire l'exhibition au
prévenu et lui en délivrer copie (C. inst. crim., art. 97).

No du P.
No du G.
No du J.
—

MANDAT
de
COMPARUTION
—

TRIBUNAL DE 1re INSTANCE
DU DÉPARTEMENT DE LA SEINE.

———

Nous, N. . . . . ,

Juge d'instruction au Tribunal de première instance du département de la Seine, mandons et ordonnons à tous huissiers ou agents de la force publique, requis à cet effet, de citer à comparaître devant nous, en notre cabinet, au Palais de Justice, à Paris, le *cinq avril 1905*, à *une* heure de l'après-midi, le nommé *Durand Louis-Jacques, 25 ans, journalier à Paris, rue* . . . . , *no 4*, à l'effet d'y être interrogé sur les faits à lui imputés, et de lui déclarer que, faute de comparaître, il sera contre lui décerné mandat d'amener ; et nous avons signé le présent, après l'avoir scellé de notre sceau.

Fait au Palais de Justice, à Paris, le premier avril mil neuf cent sept.

(*Signé et scellé*).

No du P.
No du G.
No du J.

—

MANDAT
d'amener
contre
Macquelin.

—

Signalement :
Taille : 1ᵐ40.
Age : 40 ans.
Front : fuyant.
Nez : busqué.
Yeux : ardoisés.
Bouche : moyenne
Menton : à houppe
Chev. : Chât. moy.
Sourcils : id.
Visage : allongé.

Signes particul. :
Nœvus à 2 cent.
en arrière du lobe
de l'oreille droite.
Atteint de cal-
vitie totale.

TRIBUNAL DE 1ʳᵉ INSTANCE
DU DÉPARTEMENT DE LA SEINE.

———

De par la loi.

Nous,

Juge d'instruction au tribunal de première instance du département de la
Seine, mandons et ordonnons à tous
huissiers ou agents de la force publique
d'amener devant nous, en se conformant à la loi,

Macquelin Auguste-Honoré, 30 ans,
ouvrier terrassier, demeurant 15, rue de
. . . . à Asnières.

Inculpé de *vol*

pour être entendu sur les faits à lui
imputés.

Requérons tout dépositaire de la force
publique, de prêter main-forte, s'il en
est requis, pour l'exécution du présent
mandat par le porteur d'icelui ; à l'effet
de quoi nous l'avons signé et scellé de
notre sceau.

Fait au Palais de Justice, à Paris, le
deux avril mil neuf cent sept.

(Signé et scellé).

N° du P.

N° du G.

N° du J.

—

MANDAT
d'arrêt

—

Bien désigner les noms, prénoms, professions et demeures des prévenus ; et si on ne les connaît pas, les désigner le mieux que faire se pourra.

Bien spécifier le crime ou délit dont ils sont prévenus.

TRIBUNAL DE 1ʳᵉ INSTANCE
DU DÉPARTEMENT DE LA SEINE.

—

De par la loi.

Nous, N. . . . .,

Juge d'instruction au Tribunal de première instance du département de la Seine, vu les pièces du procès et les conclusions de M. le Procureur de la République du 2 avril 1907, mandons et ordonnons à tous huissiers ou agents de la force publique, d'arrêter et de conduire à la maison d'arrêt de la Santé à Paris, le nommé *Charon Philippe-Auguste, 29 ans, comptable de la maison R...,* domicilié à *Paris, 5, rue S..., actuellement en fuite ;*

taille d'un mètre   centimètres, front   , nez   , yeux   , bouche   , menton   , figure   , sourcils   , cheveux   , visage   , teint   , prévenu *d'abus de confiance qualifié,*

crime prévu par l'article 408 du Code pénal.

Enjoignons au gardien de la dite maison d'arrêt de le recevoir.

Requérons tous dépositaires de la force publique auxquels le présent mandat sera exhibé, de prêter main-forte pour son exécution ; à l'effet de quoi, nous avons signé le présent mandat, scellé de notre sceau.

Fait au Palais de Justice, à Paris, le deux avril mil neuf cent sept.

(*Signé et scellé*).

6

TRIBUNAL DE 1re INSTANCE
DU DÉPARTEMENT DE LA SEINE.

—

N° du P.
N° du G.
N° du J.
N° du P. P.

—

MANDAT
de dépôt
contre
Dupont.

—

NOTA. — Mettre exactement les nom, prénoms, profession, âge, demeure et la nature de l'inculpation.

—

Signalement :

Taille : 1 m. 70.
Front :
Nez :
Yeux :
Bouche :
Menton :
Sourcils :
Cheveux :
Visage :

Nous, N. . . . .,

Juge d'instruction au Tribunal de première instance du département de la Seine, mandons et ordonnons à tous huissiers ou agents de la force publique de conduire en la maison d'arrêt de en se conformant à la loi

Dupont Amédée, 30 ans, né à Blois, le 4 janvier 1877,
inculpé des faits faisant l'objet de l'instruction 2.566 ;
enjoignons au directeur de la dite maison d'arrêt de le recevoir et retenir en dépôt jusqu'à nouvel ordre.

Requérons tout dépositaire de la force publique de prêter main-forte pour l'exécution du présent mandat, s'il en est requis par le porteur d'icelui ; à l'effet de quoi nous l'avons signé et scellé de notre sceau.

Fait au Palais de Justice, à Paris, le deux avril mil neuf cent sept.

(Signé et scellé).

Ces mandats de comparution, d'amener, d'arrêt et de dépôt sont exécutoires sur tout le territoire de la République. C'est ce qui résulte des articles 98 et suivants du Code d'instruction criminelle :

ART. 98. — Les mandats d'amener, de comparution, de dépôt et d'arrêt, seront exécutoires dans toute l'étendue du Royaume (de la République).

Si le prévenu est trouvé hors de l'arrondissement de l'officier qui aura délivré le mandat de dépôt ou d'arrêt, il sera conduit devant le juge de paix ou son suppléant, et à leur défaut, devant le maire ou l'adjoint au maire ou le commissaire de police du lieu, lequel visera le mandat, sans pouvoir en empêcher l'exécution.

ART. 99. — Le prévenu qui refusera d'obéir au mandat d'amener, ou qui après avoir déclaré qu'il est prêt à obéir, tentera de s'évader, devra être contraint.

Le porteur du mandat d'amener emploiera, au besoin la force publique du lieu le plus voisin : elle sera tenue de marcher, sur la réquisition contenue dans le mandat d'amener.

ART. 110. — Le prévenu saisi en vertu d'un mandat d'arrêt ou de dépôt, sera conduit sans délai dans la maison d'arrêt indiquée par le mandat.

ART. 111. — L'officier chargé de l'exécution du mandat d'arrêt ou de dépôt remettra le prévenu au gardien de la maison d'arrêt, qui lui en donnera décharge ; le tout dans la forme prescrite par l'article 107.

Il portera ensuite au greffe du tribunal correctionnel les pièces relatives à l'arrestation et en prendra une reconnaissance.

Il exhibera ces décharges et reconnaissance dans les vingt-quatre heures au juge d'instruction : celui-ci mettra sur l'une et sur l'autre son vu qu'il datera et signera.

La Constitution de la République française du 22 fri-
frimaire an VIII, article 76, a proclamé l'inviolabilité du
domicile la nuit.

Cet article est ainsi conçu :

« La maison de toute personne habitant le territoire français est un asile inviolable.

« Pendant la nuit, nul n'a le droit d'y entrer que dans le
cas d'incendie, d'inondation ou de réclamation faite de
l'intérieur de la maison.

« Pendant le jour, on peut y entrer pour un objet spécial
déterminé ou par une loi, ou par un ordre émané d'une
autorité publique ».

Lorsqu'il s'agit de pénétrer dans le domicile des citoyens, le temps de nuit doit se déterminer d'après l'article 1037 du Code de procédure civile et s'entendre
conséquemment de l'espace compris entre six heures du
soir et six heures du matin du 1er octobre au 31 mars et
entre neuf heures du soir et quatre heures du matin, du
1er avril au 30 septembre. Mais, malgré la détermination
de l'heure légale du commencement du temps de nuit,
une perquisition commencée pendant le jour ne doit
pas cesser à l'instant même où cette heure légale vient
à sonner.

Cette règle, quelque générale qu'elle soit, comporte
cependant certaines restrictions.

Les agents peuvent pénétrer, même la nuit, dans les

établissements ouverts au public ; seulement ils ne peuvent y pénétrer qu'aux heures où le public y est admis, encore ne doivent-ils le faire que dans des cas urgents.

En observant ces prescriptions, le fonctionnaire de l'ordre public arrive à éviter ce que le Code pénal a qualifié d'abus d'autorité contre les particuliers et prévus par les articles 184, 186 à 191 du Code pénal.

6.

MODÈLE d'un rapport d'arrestation, en vertu
d'une pièce de justice.

———

Paris, le   190

RAPPORT.

Au sujet de
l'arrestation du
nommé RITO
Jean - Louis - Eu-
gène.

———

Le nommé RITO, Jean-Louis-Eugène,
fils de Aimé et de Rosalie Bluet, âgé de
24 ans, étant né le 10 avril 1882, à Lille,
arrondissement dudit, département du
Nord, employé de commerce, a été arrêté ce matin, à 6 heures, à son domicile rue Réaumur, n° . . . . ., en vertu
d'un (réquisitoire de M. le Procureur de
la République, mandat de comparution,
d'amener, d'arrêt) pour. . . . .
(ou jugement de simple police, jugement correctionnel, arrêt de la Cour
d'appel, de la chambre des mises en
accusation le renvoyant devant la Cour
d'assises de . . . . . ou de la Cour
d'assises du département de. . . . .
le condamnant à. . . . . pour. . . .
Fouillé, était porteur de . . . . . .
(Désignation des objets ou papiers, s'ils
sont suscepitbles d'être saisis)
(ou n'a rien déposé).

L'Inspecteur.
(Signature très lisible).

NOTIFICATION DES PIÈCES DE JUSTICE

Lorsqu'un inspecteur est chargé de notifier un mandat de comparution, d'amener, d'arrêt, un arrêt de la Cour d'appel, de la chambre des mises en accusation ou de la Cour d'assises, il devra écrire sur le *recto* de la pièce, au bas et obliquement le mot :

Exhibé

Puis continuer ainsi sur le *verso* :

Exhibé et notifié le présent mandat d'amener (ou d'arrêt), (ou jugement, ou le présent arrêt) au nommé Donégan, Louis-Alexandre, né à Rouen (Seine-Inférieure), le 28 avril 1867, courtier en vins, demeurant (ou logeant), rue Marcadet, n° 75.

Arrêté le 28 janvier 1905, copie lui a été délivrée.

Pour le Commissaire divisionnaire, chef du service de sûreté.

L'inspecteur délégué.
(Signer très lisiblement).

N.-B. — Si l'individu se trouve détenu au dépôt ou dans une prison quelconque, on mettra après l'état civil : détenu au Dépôt, à la Santé ou à Fresnes.

Les agents exécutant un jugement par défaut doivent s'abstenir de conseiller aux personnes arrêtées de former opposition, car dans certains cas l'opposition est irrecevable.

RÉQUISITION POUR LA GENDARMERIE

Dans le cas où MM. les inspecteurs auraient à requérir la gendarmerie, ils sont invités à déposer entre les mains de M. le chef de brigade une réquisition ainsi conçue :

Conformément aux prescriptions du 2ᵉ paragraphe de l'article 99 du Code d'instruction criminelle et des articles 67, 68 et suivants du décret du 20 mai 1903, les soussignés ont l'honneur de prier M. le chef de la brigade de

bien vouloir mettre à leur disposition un ou plusieurs gendarmes pour les assister dans la mise à exécution d'un mandat   jugement ou arrêt, décerné contre le nommé   demeurant à

inculpé de   ou condamné à

pour —————— . —————

Les inspecteurs :

§ 2. — Autres ordres d'arrestation.

Les officiers et agents de police judiciaire peuvent être chargés de procéder à des arrestations en vertu d'autres pièces que des mandats de justice.

Un individu peut être arrêté :

1º En vertu d'une ordonnance de prise de corps rendue par la chambre des mises en accusation à la suite d'un arrêt renvoyant l'accusé resté en état de liberté provisoire ou en fuite, devant la Cour d'assises ;

2º En vertu d'un jugement du tribunal de simple police ou du tribunal correctionnel ou d'un arrêt de la chambre des appels correctionnels le condamnant à une peine d'emprisonnement ;

3º En vertu d'un arrêt de la Cour d'assises rendu par contumace ;

4º En vertu d'un réquisitoire d'incarcération délivré par le procureur de la République pour exécution de la contrainte par corps et aussi en vertu d'une contrainte de la partie civile.

BUREAU
DES AMENDES
au Palais de Justice
A PARIS
Cour de la Ste-Chapelle
—
SOMMIER
Nº
—
Exercice 190

RÉQUISITOIRE
DE CONTRAINTE PAR CORPS.

Nous, Procureur de la République près le Tribunal de première instance du département de la Seine, séant à Paris.

Vu le jugement rendu le par le Tribunal qui condamne le nommé

. . . .

demeurant à

Amendes et décimes. . . .	
Frais de justice.	
Poursuites.	
Capture	5
Timbre de la quittance. . .	» 25
Total	
Acomptes payés	
Reste dû.	

Vu le commandement de payer à lui signifié,

Vu la demande à nous adressée par le percepteur-receveur des amendes et condamnations pécuniaires pour la ville de Paris, par laquelle il requiert la mise à exécution de la contrainte par corps,

Vu les dispositions de la loi du 22 juillet 1867 et de celle du 19 décembre 1871 ;

Mandons et ordonnons à tous huissiers ou agents de la force publique d'arrêter le condamné susnommé et de le conduire au dépôt de la préfecture de police, pour y être écroué dans la maison de   et y subir la contrainte par corps fixée par le jugement à

Au Parquet, au Palais de Justice, à Paris, le
190

Le présent réquisitoire sera annulé de plein droit lorsque
le percepteur attestera que le contraignable est libéré de la
dette qui motivait la contrainte par corps.

N.-B. — Cette pièce se notifie comme une pièce de justice
quelconque.

Au moment de l'écrou la personne faisant l'objet du réquisitoire en reçoit copie.

§ 3. — Contrainte de la partie civile.

Lorsqu'il s'agit d'un jugement condamnant un délinquant au. paiement de dommages et intérêts pour un
préjudice causé et que ce condamné ne s'est pas acquitté
de cette dette, les réquisitions de la partie civile sont
transmises au service de la Sûreté par les soins de M. le
procureur de la République et, lorsqu'il s'agit de l'exécution d'un arrêt, par les soins de M. le procureur général.

La contrainte de la partie civile est prévue par les
articles 781, 782, 786 du Code de procédure civile ainsi
conçus :

Art. 781. — Le débiteur ne pourra être arrêté : — 1° avant
le lever et après le coucher du soleil ; — 2° les jours de fête
légale ; — 3° dans les édifices consacrés au culte et pendant
les exercices religieux seulement ; —4° dans le lieu et pendant
la tenue des séances des autorités constituées ; — 5° dans
une maison quelconque, même dans son domicile, à moins
qu'il n'eut été ainsi ordonné par le juge de paix du lieu, lequel juge de paix devra, dans ce cas, se transporter dans la
maison avec l'officier ministériel ou déléguer un commissaire de police (Ces derniers mots : déléguer un commissaire
de police, ont été ajoutés à l'article 781 par la loi du 26 mars
1855).

Art. 782. — Le débiteur ne pourra non plus, être arrêté
lorsque, appelé comme témoin devant un juge d'instruction
au devant un tribunal de première instance ou une Cour
d'appel ou d'assises, il sera porteur d'un sauf-conduit. Le
sauf-conduit pourra être accordé par le juge d'instruction,

par le président du tribunal ou de la Cour où les témoins devront être entendus. Les conclusions du ministère public seront nécessaires. Le sauf-conduit réglera la durée de son effet à peine de nullité.

En vertu du sauf-conduit, le débiteur ne pourra être arrêté ni le jour fixé pour sa comparution, ni pendant le temps nécessaire pour aller et pour revenir.

ART. 786. — Si le débiteur requiert qu'il en soit référé, il sera conduit sur le champ devant le président du tribunal de première instance du lieu où l'arrestation aura été faite, lequel statuera en état de référé ; si l'arrestation est faite hors des heures de l'audience, le débiteur sera conduit chez le président.

N.-B. — La pension alimentaire d'un individu écroué à la prison de la Santé en vertu d'une contrainte de la partie civile est fixée à 35 frans par mois.

§ 4. — Prescriptions pour la mise à exécution des mandements de justice.

Lorsque les inspecteurs seront appelés à mettre en état d'arrestation des personnes faisant l'objet de pièces de justice, *ils devront, dès qu'ils auront pris contact avec elles, s'assurer si la pièce dont ils sont porteurs leur est applicable.*

Si une contestation se produisait, la personne à *laquelle paraissait devoir s'appliquer cette pièce* sera invitée à établir qu'elle n'est pas la personne en cause, soit par la production de papiers d'identité ou en invo-

7

quant le témoignage de personnes pouvant être consultées sur le champ.

Les inspecteurs, le cas échéant, noteront les noms,
prénoms, âges, professions et adresses des répondants.

Si la personne visée ne dispose pas de papiers d'identité, les inspecteurs *devront l'inviter à les accompagner
au service*, où la question sera tranchée par qui de droit.

Dans le cas où un fait de cette nature se produirait,
les inspecteurs devront interrompre immédiatement la
mise à exécution des autres pièces qui leur avaient été
confiées, et la personne objet du litige *ne devra, sous
aucun prétexte passer par un poste de police*.

Il convient de rappeler ici que les inspecteurs doivent
consigner dans les postes de police le plus rarement possible les personnes arrêtées, et si, par nécessité de service, ils se trouvent dans l'obligation de le faire, ils
devront les reprendre en regagnant la préfecture de
police.

Au cas où les circonstances ne leur permettraient pas
d'agir ainsi, ils devront dès leur retour au service attirer
l'attention du brigadier de permanence qui prendra les
mesures nécessaires pour éviter à la personne consignée un trop long séjour au poste.

Ce mode de procéder a pour but de rendre moins fré-
quents les transports par voitures cellulaires et surtout
d'éviter l'arrivée tardive des intéressés à la Permanence
près le Dépôt.

Enfin, dans le cas où un inculpé, au domicile duquel

les inspecteurs se seraient présentés, refuserait d'ouvrir après avoir répondu et connu la qualité des dits, ces derniers devront requérir M. le commissaire de police du quartier, qui, en sa qualité de magistrat, les assistera dans l'accomplissement de cette partie de leur mission.

Pour ce faire, l'un des deux inspecteurs se détachera pour se rendre le plus rapidement possible auprès du commissaire de police du quartier, lui soumettra la pièce à exécuter en ajoutant de vive voix les renseignements connus de lui, susceptibles d'éclairer la religion du magistrat et l'attendra à moins d'un ordre contraire.

Pendant l'absence de l'un, le second inspecteur devra se tenir près de la porte afin d'empêcher la fuite de l'inculpé et surveiller les issues par où il pourrait tenter de s'échapper.

Lorsque la personne désignée par la pièce de justice invoquera se trouver dans l'impossibilité absolue de suivre les agents, soit pour cause d'indisposition ou de maladie, l'un d'eux se détachera d'urgence pour requérir un médecin.

Si elle est reconnue malade mais transportable, ils devront en référer immédiatement à leur chef de service qui prendra les mesures nécessaires.

Le médecin requis dans les cas prévus par le Code d'instruction criminelle, recevra à titre d'honoraires, pour une visite avec un premier ou sans pansement : 8 francs.

Ces frais pourront être supportés par le chapitre III, article 2 du budget de la préfecture de police, où ils pourront être ordonnancés par M. le juge d'instruction, conformément au décret du 21 novembre 1893, portant règlement d'administration publique, en exécution des paragraphes 2 et 3 de l'article 14 de la loi du 30 novembre 1892 sur l'exercice de la médecine qui a revisé des tarifs du décret du 18 juin 1811 en ce qui touche les honoraires, vacations, etc...

Attentats à la liberté.

Au cours des missions dont il est chargé, il doit s'attacher à éviter de commettre ce que le Code pénal a qualifié d'attentats à la liberté, prévus par les articles 114, 117, 118 et 119.

ART. 114. — Lorsqu'un fonctionnaire public, un agent ou un préposé du gouvernement, aura ordonné ou fait quelque acte arbitraire, ou attentatoire soit à la liberté individuelle, soit aux droits civiques d'un ou de plusieurs citoyens, soit à la charte (Constitution), il sera condamné à la peine de la dégradation civique.

Si néanmoins il justifie qu'il a agi par ordre de ses supérieurs pour des objets du ressort de ceux-ci, sur lesquels il leur était dû l'obéissance hiérarchique, il sera exempt de la peine, laquelle sera dans ce cas appliquée seulement aux supérieurs qui auront donné l'ordre (C. pén., art. 64, 190, 341).

a) Les arrestations arbitraires commises par des fonctionnaires publics, agents ou préposés du gouvernement, dans l'exercice de leurs fonctions et par abus de l'autorité à eux déléguée, tombent exclusivement sous l'application de l'article 114 du Code pénal, et non sous celle des articles 341 et suivants (Cass., 4 déc. 1862. — *Contrà* : 5 nov. 1812 ; 25 mai 1832).

b) L'article 114 s'applique à tous les individus chargés d'un service public, et notamment aux sergents de ville à Paris (Cass., 4 déc. 1862).

c) *Idem*, aux inspecteurs de police (Cass., 18 avr. 1868).

ART. 117. — Les dommages-intérêts qui pourraient être prononcés à raison des attentats exprimés dans l'article 114, seront demandés, soit sur la poursuite criminelle, soit par la voie civile, et seront réglés, eu égard aux personnes, aux circonstances et au préjudice souffert, sans qu'en aucun cas, et quel que soit l'individu lésé, les dits dommages-intérêts puissent être au-dessous de 25 francs pour chaque jour de détention illégale et arbitraire et pour chaque individu (C. pén., art. 10, 51 et s. ; C. civ., art. 1349, 1382 ; C. proc., 128 ; C. inst. crim., art. 1 et s.).

ART. 118. — Si l'acte contraire à la charte (à la Constitution) a été fait d'après une fausse signature du nom d'un ministre ou d'un fonctionnaire public, les auteurs du faux et ceux qui en auront sciemment fait usage seront punis de travaux forcés à temps, dont le *maximum* sera toujours appliqué dans ce cas (C. pén., art. 7, 19, 145, 147 et 148).

ART. 119. — Les fonctionnaires publics chargés de la police administrative ou judiciaire, qui auront refusé ou négligé de déférer à une réclamation légale tendant à constater les détentions illégales et arbitraires, soit dans les maisons destinées à la garde des détenus, soit partout ailleurs, et qui ne justifieront pas les avoir dénoncées à l'autorité supérieure, seront punis de la dégradation civique, et tenus des dommages-intérêts, lesquels seront réglés comme il est dit dans l'article 117 (C. pén., art. 8, 34, 36, 120, 341 ; C. inst. crim., art. 609, 615, 616).

La peine pour attentats à la liberté entraîne la peine de la dégradation civique prévu par le 1er paragraphe de l'article 114 du Code pénal.

ART. 34 (Loi du 28 avril 1832). — La dégradation civique consiste :

1° Dans la destitution et l'exclusion des condamnés de toutes fonctions, emplois ou offices publics ;

2° Dans la privation du droit de vote, d'élection, d'éligibilité, et en général de tous les droits civiques et politiques, et du droit de porter aucune décoration ;

3° Dans l'incapacité d'être juré-expert, d'être employé comme témoin dans des actes, et de déposer en justice autrement que pour y donner de simples renseignements ;

4° Dans l'incapacité de faire partie d'aucun conseil de famille, et d'être tuteur, curateur, subrogé-tuteur ou conseil judiciaire, si ce n'est de ses propres enfants, et sur l'avis conforme de la famille ;

5° Dans la privation du droit de port d'armes, du droit de faire partie de la garde nationale, de servir dans les armées françaises, de tenir école, ou d'enseigner et d'être employé dans aucun établissement d'instruction à titre de professeur maître ou surveillant (C. pén., art. 8-2°, 23, 28, 42 ; C. inst. crim., art. 633).

L'inspecteur doit se soustraire avec la plus grande énergie à la subornation dont il pourrait être l'objet, prévue par l'article 177 du Code pénal.

ART. 177 (Loi du 13 mai 1863). — Tout fonctionnaire public de l'ordre administratif ou judiciaire, tout agent ou préposé d'une administration publique, qui aura agréé des offres ou promesses, ou reçu des dons ou présents, pour faire un acte de sa fonction ou de son emploi, même juste, mais non sujet à salaire, sera puni de la dégradation civique, et condamné à une amende double de la valeur des promesses agréées ou des choses reçues, sans que la dite amende puisse être inférieure à 200 francs.

La présente disposition est applicable à tout fonctionnaire, agent ou préposé de la qualité ci-dessus exprimée, qui, par offres ou promesses agréées, dons ou présents reçus, se sera abstenu de faire un acte qui rentrait dans l'ordre de ses devoirs.

Sera puni de la même peine tout arbitre ou expert nommé soit par le tribunal, soit par les parties, qui aura agréé des offres ou promesses, ou reçu des dons ou présents, pour rendre une décision ou donner une opinion favorable à l'une des parties, etc....

Abus d'autorité contre les particuliers.

ART. 184. — Tout fonctionnaire de l'ordre administratif ou judiciaire, tout officier de justice ou de police, tout commandant ou agent de la force publique, qui, agissant en sa qualité, se sera introduit dans le domicile d'un citoyen contre le gré de celui-ci, hors les cas prévus par la loi, et sans les formalités qu'elle a prescrites, sera puni d'un emprisonnement de six jours à un an, et d'une amende de seize francs à cinq cents francs, sans préjudice de l'application du second paragraphe de l'article 114.

Tout individu qui se sera introduit à l'aide de menaces ou de violences dans le domicile d'un citoyen, sera puni d'un emprisonnement de six jours à trois mois et d'une amende de seize francs à deux cents francs (C. pén., art. 9,40,52, 176 ; C. proc., art. 587, 588 ;C. inst. crim., art.36, 40, 87 (a).Texte de la loi du 28 avril 1832.

ART. 186. — Lorsqu'un fonctionnaire ou un officier public, un administrateur, un agent ou un préposé du gouvernement ou de la police, un exécuteur des mandats de justice ou jugements, un commandant en chef ou en sous-ordre de la force publique, aura sans motif légitime, usé ou fait user de violences envers les personnes, dans l'exercice ou à l'occasion de l'exercice de ses fonctions, il sera puni selon la nature et la gravité de ces violences, et en élevant la peine suivant la règle posée par l'article 198 (C. pén., art. 309 et s.). La disposition de cet article s'étend à toutes violences quelle qu'en soit la nature et quel qu'en ait été le résultat, même à l'homicide volontaire (Cass., 5 déc. 1822).

ART. 187. — Toute suppression, toute ouverture de lettres confiées à la poste, commise ou facilitée par un fonctionnaire ou un agent du gouvernement ou de l'administration des postes, sera punie d'une amende de seize francs à cinq cents francs et d'un emprisonnement de trois mois à cinq ans.

Le coupable sera, de plus, interdit de toute fonction ou emploi public pendant cinq ans au moins et dix ans au plus (C. pén., art. 9, 169, 318).

a) Texte de la loi du 28 avril 1832.

b) L'article 187 n'incrimine et ne punit que le fonctionnaire, l'agent du gouvernement ou de l'administration qui s'est rendu coupable du fait d'ouverture ou de suppression d'une lettre confiée à la poste. Le même fait, commis par tout autre individu ne constitue aucun délit, et reste dans la classe des faits immoraux que la loi n'a pas voulu punir (Cass., 9 janv. 1863).

c) Si cet article ne prononce aucune peine contre les personnes privées qui se rendent coupables de suppression ou d'ouverture de lettres confiées à la poste, cette immunité ne peut profiter au particulier qui coopère à l'un de ces actes commis par un fonctionnaire ou agent ; les règles sur la complicité lui sont applicables (Cass., 9 janv. 1863).

d) Il n'est pas nécessaire que le fonctionnaire ait agi dans l'exercice de ses fonctions : il suffit qu'il ait abusé de son autorité pour se faire remettre une lettre confiée à la poste (Cass., 6 août 1841).

g) Les juges d'instruction, les préfets des départements, le Préfet de police à Paris, peuvent, à l'effet de constater les crimes et délits, ordonner la saisie des lettres confiées à la poste (Cass., 21 nov. 1853). — V. notes sous l'article 10 du Code civil.

Abus d'autorité contre la chose publique.

ART. 188. — Tout fonctionnaire public, agent ou préposé du gouvernement, de quelque état et grade qu'il soit, qui aura requis ou ordonné, fait requérir ou ordonné, l'action ou l'emploi de la force publique contre l'exécution d'une loi ou contre la perception d'une contribution légale, ou contre l'exécution soit d'une ordonnance ou mandat de justice, soit de tout autre ordre émané de l'autorité légitime, sera puni de la réclusion (C. pén., art. 123 et s. ; 189, 209).

ART. 189. — Si cette réquisition ou cet ordre ont été suivis de leur effet, la peine sera le maximum de la réclusion (Loi du 28 avril 1832 ; C. pén., art. 188, 190 et s.).

ART. 190. — Les peines énoncées aux articles 188 et 189 ne cesseront d'être applicables aux fonctionnaires ou préposés qui auraient agi par ordre de leurs supérieurs, qu'autant que cet ordre aura été donné par ceux-ci pour des objets de leur ressort, et sur lesquels il leur était dû obéissance hiérarchique ; dans ce cas, les peines portées ci-dessus ne seront appliquées qu'aux supérieurs qui les premiers auront donné cet ordre (C. pén., art. 64, 114 et s.).

ART. 191. — Si, par suite des dits ordres ou réquisitions il survient d'autres crimes punissables de peines plus fortes que celles exprimées aux articles 188 et 189, ces peines plus fortes seront appliquées aux fonctionnaires, agents ou préposés coupables d'avoir donné les dits ordres ou fait les dites réquisitions (C. pén., art. 216, 264).

7.

SECTION II

EXTRACTIONS ET CONDUITES.

Qu'est-ce qu'une extraction ?

C'est se faire remettre un individu détenu pour le conduire dans un endroit déterminé.

Par qui les extractions sont-elles ordonnées ?

Par les présidents des Cours d'assises, les présidents des chambres correctionnelles de la Cour et du tribunal, les juges d'instruction et les magistrats du Parquet.

L'extraction peut également être ordonnée par mesure administrative émanant du cabinet de M. le Préfet de police ou du 2e bureau de la 1re division.

Quelles sont les formalités à accomplir pour obtenir la remise d'un détenu ?

Les inspecteurs porteurs de l'ordre d'extraction doivent, en arrivant à la prison, se présenter au greffe et faire connaître l'objet de leur visite ; une fois en possession du détenu, ils signent le reçu de la remise de celui-ci, cette pièce leur est rendue au moment de la réintégration du détenu dont l'heure de rentrée doit être mentionnée dans le rapport.

L'extraction est une opération très délicate et qui peut entraîner les conséquences les plus fâcheuses pour les agents qui en sont chargés, leur responsabilité personnelle étant en jeu.

EXEMPLE : — *Le juge d'instruction donne l'ordre d'extraire un individu en détention préventive ; les inspecteurs, par négligence, le laissent échapper ; de quoi sont-ils passibles ?*

En cas d'évasion, l'inspecteur tombe sous l'application des articles 237, 238, 239 et 240 du Code pénal ainsi conçus :

ART. 237. — Toutes les fois qu'une évasion de détenus aura lieu, les huissiers, les commandants en chef ou en sous-ordre, soit de la gendarmerie, soit de la force armée servant d'escorte ou garnissant les postes, les concierges, gardiens, geôliers et tous autres préposés à la conduite, au transport ou à la garde des détenus, seront punis ainsi qu'il suit :

ART. 238 (L. 13 mai 1863). — Si l'évadé était prévenu de délits de police ou de crimes simplement infamants, ou condamné pour l'un de ces crimes, s'il était prisonnier de guerre, les préposés à sa garde ou conduite seront punis, en cas de négligence, d'un emprisonnement de six jours à deux mois ; et, en cas de connivence, d'un emprisonnement de six mois à deux ans. Ceux qui, n'étant pas chargés de la garde ou de la conduite du détenu, auront procuré ou facilité son évasion, seront punis de six jours à trois mois d'emprisonnement (C. pén., art. 89, 49, 241).

a) Le seul fait de la sortie du détenu, par la négligence ou la connivence d'un gardien, constitue le délit prévu par cet article, alors même que celui-ci n'aurait pas eu l'intention de favoriser son évasion, mais seulement d'aller boire avec lui (Cass., 30 nov. 1837).

b) L'agent préposé à la garde d'un prévenu arrêté ne peut se soustraire, en cas d'évasion, à l'application des peines portées en cet article, sous le prétexte de l'illégalité de l'ordre d'arrestation (Cass., 3 mai 1855).

ART. 239. — Si les détenus évadés, ou l'un d'eux, étaient prévenus ou accusés d'un crime de nature à entraîner une peine afflictive à temps, ou condamnés pour l'un de ces crimes, la peine sera, contre les préposés à la garde ou conduite, en cas de négligence, un emprisonnement de deux mois à six mois : en cas de connivence, la réclusion.

Les individus non chargés de la garde des détenus, qui auront procuré ou facilité l'évasion, seront punis d'un emprisonnement de trois mois à deux ans (C. pén., art. 7, 9, 21, 28, 40, 47, 241).

ART. 240. — Si les évadés, ou l'un deux, sont prévenus ou accusés de crimes de nature à entraîner la peine de mort ou des peines perpétuelles, ou s'ils sont condamnés à l'une de ces peines, leurs conducteurs ou gardiens seront punis d'un an à deux ans d'emprisonnement, en cas de négligence, et des travaux forcés à temps, en cas de connivence.

Les individus non chargés de la conduite ou de la garde qui auront facilité ou procuré l'évasion, seront punis d'un emprisonnement d'un an au moins et de cinq ans au plus (C. pén., art. 7, 9, 40, 47, 241).

Droits des prévenus.

Les droits des prévenus sont prévus par l'article 7 du décret du 18 juin 1811 ainsi conçu :

Les prévenus et accusés peuvent toujours se faire transporter en voiture, à leurs frais, en se soumettant aux mesures de précaution que prescrira le magistrat qui aura ordonné la translation ou le chef d'escorte chargé de l'exécuter.

Cet article n'a pas cessé d'être en vigueur (Inst. G. des sc., 20 mars 1845).

Le mode de translation des prévenus est prévu par une décision ministérielle des travaux publics, en date du 6 août 1857, ainsi conçue :

Lorsque la translation se fait par le chemin de fer, les détenus et leurs gardiens ne peuvent, sous aucun prétexte, être placés dans les mêmes compartiments que les voyageurs ordinaires.

Cette prohibition s'applique également aux jeunes délinquants qui sont transférés dans des établissements d'éducation.

Précautions à prendre au cours des extractions

Depuis bien longtemps, on a permis aux inspecteurs de porter un cabriolet sur eux et de faire usage à l'égard des détenus, d'une corde appelée « *ligotte* » ; il est prudent de s'en servir de préférence au *cabriolet*.

Manière d'appliquer la ligotte.

Diviser la corde en deux parties, engager la main droite du détenu dans un nœud coulant que l'on *serre avec modération* à hauteur du poignet, puis fixer le poignet à hauteur des hanches en faisant faire le tour du corps à la corde dont on a soin de mettre les deux extrémités du côté droit de manière à empêcher le détenu de la dénouer.

Par ce moyen, le détenu se trouve pour ainsi dire privé de la plus grande partie de ses mouvements.

Les inspecteurs auront soin de se placer de la façon suivante : le premier tiendra le détenu à sa droite et le second, qui les suivra à un mètre environ, aura une plus grande facilité pour surveiller les mouvements de celui-ci.

Au cours de l'extraction, les inspecteurs devront éviter que le détenu se place du côté des maisons, car, à un moment donné, il pourrait profiter d'un immeuble dont il connaît les issues, pour y pénétrer dans l'espoir de prendre la fuite.

En rentrant au service, ils devront faire un rapport, en spécifiant l'heure à laquelle le détenu a été réintégré, et ils devront y joindre l'ordre d'extraction.

Il est formellement interdit de pénétrer avec le détenu dans des établissements pour y consommer, sous peine d'une mesure disciplinaire des plus graves.

Les mesures disciplinaires peuvent être :

le blâme avec ou sans inscription sur la fiche administrative ;

la réprimande ;

la privation de traitement ;

la rétrogradation ;

la révocation.

Notes de service.

N° 1. — Il est rappelé que les détenus conduits du service de la sûreté à l'identité judiciaire ne doivent pas passer par le Palais mais par le Dépôt ; tandis que les inspecurs se rendant seuls à l'Identité ne doivent pas passer par le Dépôt mais par le Palais.

Paris, le 8 février 1904.

N° 2. — MM. les inspecteurs chargés de prendre des détenus à la Permanence près le Dépôt, devront, avant de quitter ce bureau, et en présence des employés de ce service, s'assurer que les objets, sommes ou valeurs énumérés sur l'ordre de consigne figurent bien dans le paquet contenant la fouille.

Au cas où ils constateraient une erreur, leur devoir est d'en informer immédiatement les employés de la Permanence, le détenu ainsi que leur brigadier de service.

N° 3. — Dans une circulaire en date du 6 juillet 1906, M. le Préfet de police a rappelé à tous les fonctionnaires de l'ordre public placés sous ses ordres, qu'ils devaient en toute circonstance, s'abstenir d'actes de violences injustifiées à l'égard de toute personne arrêtée ou consignée provisoirement, en considérant que frapper un homme sans défense est un acte indigne d'un représentant de la force publique, qui engage non seulement la responsabilité personnelle de l'auteur mais celle des ou de son chef.

MODÈLE d'un ordre d'extraction.

N° du P.

N° du G.

N° du J.

TRIBUNAL DE PREMIÈRE INSTANCE

DU DÉPARTEMENT DE LA SEINE.

Le directeur de la maison d'arrêt de remettra à l'huissier porteur du présent (ou *inspecteur*) le nommé.....

. . . .

pour le conduire par devant nous, en notre cabinet, au Palais de Justice, à Paris, à l'effet d'y être interrogé sur les faits à lui imputés, et être ensuite. réintégré en ladite maison d'arrêt.

Fait à Paris, au Palais de Justice, le ......mil neuf cent sept.

Juge d'instruction.

Le susnommé a été réintégré en ladite maison d'arrêt le....... à.. heures du soir.

MODÈLE d'un ordre d'extraction d'un individu détenu au dépôt près la préfecture de police.

DÉPÔT

TRIBUNAL DE PREMIÈRE INSTANCE
DU DÉPARTEMENT DE LA SEINE.

Remettre au porteur du présent le nommé N....Auguste qui y est détenu, lequel sera conduit en notre cabinet pour y être interrogé.

Fait au Palais de Justice, le........

SECTION III

PRESCRIPTIONS A SUIVRE AU COURS DES PERQUISITIONS.

Les inspecteurs appelés à assister un magistrat au cours d'une perquisition doivent se pénétrer de l'import tance de leur mission qui est de surveiller très étroitement les agissements de l'inculpé en vue de s'opposer à toute tentative de suicide ou de fuite comme de bris ou destruction d'objets, documents, clichés, de déjouer touessai de prise de contact avec qui que ce soit sans autorisation du magistrat.

S'ils sont invités à concourir aux recherches, ils doivent les effectuer de façon minutieuse, en quelque partie du lieu où se fait l'opération ; remettre immédiatement toutes pièces, valeurs ou objets spécialement désignés par le magistrat comme susceptibles d'amener un résultat.

L'un des inspecteurs devra, dès l'arrivée dans la pièce où s'opèrent les recherches, en vue d'éviter les indiscrétions ou communications du dehors, fermer la fenêtre et se tenir à proximité, cette mesure préventive étant surtout destinée à déjouer toute tentative de suicide ou de projection d'objets quelconques de la part de l'inculpé.

Le second inspecteur accompagnera l'inculpé dans

ses pérégrinations en le surveillant de la façon la plus attentive.

L'opération terminée, les inspecteurs prendront les mesures de sécurité nécessaires pour ramener le détenu au service à l'effet de le consigner, de lui notifier les pièces de justice le concernant ou de le reconduire à la prison d'où il aurait été extrait.

Dans ce dernier cas, retirer l'ordre d'extraction laissé au greffe pour le retourner au magistrat qui l'aura délivré à cet effet.

SECTION IV

MODÈLES-TYPES POUR L'ÉTABLISSEMENT DES RAPPORTS.

Désormais, lorsque MM. les inspecteurs seront mis à la disposition d'un commissaire de police de quartier et qu'ils auront été chargés de rechercher, en vue d'une arrestation, une personne inculpée d'un délit quelconque, si les investigations n'ont donné aucun résultat, ils devront se présenter au service dès leur mission terminée, pour établir leur rapport de vaines recherches, en même temps que celui destiné à être versé aux archives du service.

Le rapport destiné à M. le commissaire de police devra commencer ainsi, si l'inculpé a été vainement recherché :

Paris, le   190

RAPPORT.

J'ai l'honneur de rendre compte à
M.   commissaire de police
du quartier de   que le nommé Delnag Raymond-Albert, fils de Louis et
de Marie Brouet, âgé de 24 ans, étant
né le 20 novembre 1882, à Paris (5*), employé de commerce, demeurant (*ou logeant*) rue des Vertus, n° 15, inculpé de
vol au préjudice du sieur Millot, parfumeur, demeurant rue Volta, n° 42, a été
vainement recherché.

Au sujet du
nommé DELNAG
Raymond, inculpé
de vol et qui a été
vainement recher-
ché.

(Ensuite, mettre dans l'ordre comment
on aura procédé aux recherches, men-
tionner les noms et adresses des personnes consultées et relater les renseignements recueillis).

L'inspecteur :

(Signature très lisible).

Le second rapport destiné à M. le chef du service devra être établi comme suit :

Paris, le   190 .

RAPPORT.

Au sujet du nommé DELNAG Raymond, inculpé de vol et qui a été vainement recherché.

Au reçu de la communication téléphonique ci-jointe (*ou du télégramme*), je me suis mis à la disposition de M. le commissaire de police du quartier de…. qui m'a chargé de rechercher et d'arrêter le nommé Delnag, Raymond-Albert, fils de Louis et de Marie Brouet, âgé de 24 ans, étant né le 20 novembre 1882 à Paris (5e), employé de commerce, demeurant (*ou logeant*) rue des Vertus, n° 15, inculpé de vol au préjudice du sieur Millot, parfumeur, demeurant rue Volta, n° 42.

Établir les circonstances du délit ou du crime, à savoir *quelle est la nature du crime ou du délit.*

Si la personne a été vainement recherchée, ils devront terminer leur rapport comme suit :

Après avoir épuisé tous les éléments mis à ma disposition, j'en ai rendu compte par un rapport de vaines recherches pour être joint à la procédure, à M. le commissaire de police du quartier de qui a considéré ma mission comme terminée.

L'inspecteur :

Ce mode de procéder aura pour but d'établir d'une façon identique, notamment les *rapports* de vaines recherches, car il arrive fréquemment que les rapports fournis au service ne concordent pas avec ceux fournis sur-le-champ au magistrat à la disposition duquel l'inspecteur a été mis.

Lorsque la mise à la disposition d'un commissaire de police durera plusieurs jours, MM. les inspecteurs, en rentrant le soir, au lieu de faire un rapport de l'emploi de leur temps au cours de la journée, se borneront à établir un *Memento* permettant de renseigner M. le chef du service, au rapport du lendemain et dès que leur mission sera terminée, ils établiront un rapport général.

Si l'inculpé est arrêté, **MM**. les inspecteurs sont invités à le mettre à la disposition du magistrat par un rapport ainsi conçu :

Paris, le   190

RAPPORT

Au sujet de l'arrestation du nommé DELNAG Raymond-Albert, inculpé de vol.	J'ai l'honneur de mettre à la disposition de M............., commissaire de police du quartier de............., le nommé Delnag, Raymond-Albert, fils de Louis et de Marie Brouet, âgé de 24 ans, étant né le 20 novembre 1882 à Paris (5e), employé de commerce, demeurant (*ou logeant*) rue des Vertus, n° 15, inculpé de vol au préjudice du sieur Millot, parfumeur, demeurant rue Volta, n° 42.

L'inspecteur.

N.-B. — Dans le cas où un commissariat serait fermé, consigner l'inculpé dans le poste le plus proche avec un ordre de consigne ainsi conçu :

ORDRE DE CONSIGNE.

M. le chef de poste de la rue............ est prié de recevoir le nommé Delnag, Raymond-Albert, né le 20 novembre 1882 à Paris (5), demeurant rue des Vertus, n° 15, arrêté par le soussigné pour vol et de le garder consigné jusqu'à demain matin 9 heures, heure à laquelle il sera repris par moi pour être traduit devant M. le commissaire de police du quartier Saint-Merri.

Ci-joint la fouille (*qui devra être détaillée*).

L'inspecteur :

Remarque générale. — Dans toutes les opérations comportant une fouille, les inspecteurs devront s'assurer si au nombre des papiers déposés, ne figurent point des documents susceptibles d'éclairer la religion du magistrat ou de renseigner sur les agissements des sujets arrêtés.

MODÈLE d'un rapport d'arrestation dans le cas d'un flagrant délit.

Paris, le   190

RAPPORT

Au sujet de l'arrestation du nommé RENAUD Louis inculpé de vol à l'étalage.

Ce matin, à 8 heures, passant sur le boulevard Sébastopol, mon attention fut attirée par les allées et venues d'un individu qui stationnait aux abords de l'étalage du magasin de Pygmalion ; l'ayant surveillé pendant une heure environ, j'ai constaté qu'il avait soustrait un coupon et l'emportait ; je l'ai appréhendé au moment où il s'engageait dans la rue Quincampoix.

Amené au poste de police de la rue .... il a déclaré se nommer Renaud, Louis-Alphonse, fils de Jacques et de Lucie Lambert, âgé de 18 ans, étant né le 15 décembre 1888 à Paris, menuisier, demeurant (ou logeant) rue Quincampoix, n° 34.

Cet individu reconnaissant les faits qui lui sont reprochés, j'ai l'honneur de le mettre à la disposition de M......., commissaire de police du quartier Saint-Merri, sous l'inculpation de vol à l'étalage.

Fouillé, était porteur de...........

L'inspecteur :

MODÈLE du compte-rendu à **M. le chef du service.**

———

Paris, le 190 .

RAPPORT.

Au sujet de l'arrestation du nommé RENAUD Louis, inculpé de vol à l'étalage.

Hier (ou ce matin) passant sur le boulevard Sébastopol (*citer les faits relatés dans le premier rapport*).

Cet individu qui est connu (*ou inconnu*) au service ayant été mis à la disposition de M......., commissaire de police du quartier Saint-Merri, a été envoyé au dépôt sous l'inculpation de vol à l'étalage.

L'inspecteur :

MODÈLE d'un rapport à la suite d'une mise à la disposition d'un commissaire de police de quartier et destiné à être versé aux archives du service.

———

Paris, le   190 .

RAPPORT.

Au sujet d'un vol commis au préjudice du sieur Romy, par un nommé DAVID Gustave.

Au reçu du télégramme ci-joint (*ou de la communication téléphonique*), je me suis rendu au commissariat de police du quartier Vivienne, où on m'a fait connaître qu'un vol avait été commis au préjudice de M. Romy, négociant, demeurant rue d'Amboise, n° 43.

Après avoir étudié la procédure, j'ai reçu l'ordre de rechercher le nommé David Gustave, auteur du vol, et ce soir à 8 heures, j'ai pu l'appréhender.

Conduit au poste de police de la rue Richelieu, il a déclaré se nommer David Gustave-Albert, fils de Joseph et de Julie Legrand, âgé de 40 ans, étant né le 14 octobre 1866 à Paris (15e), journalier, demeurant rue du Louvre, n° 42.

Fouillé, était porteur de :

L'inspecteur :

8

MODÈLE d'un rapport d'arrestation pour les inspecteurs qui sont à la disposition d'un commissaire de police de quartier.

———

Paris, le   190 .

RAPPORT.

Au sujet de l'arrestation du nommé David Jean, inculpé de vol.

J'ai l'honneur de mettre à la disposition de M. le commissaire de police du quartier Vivienne, le nommé David, Gustave-Albert, fils de Joseph et de Julie Legrand, âgé de 40 ans, étant né le 14 octobre 1866, à Paris (15e), journalier, demeurant rue du Louvre, n° 42, arrêté ce soir à 8 heures, en vertu des instructions que j'avais reçues.

L'inspecteur :

COMPTE RENDU de l'opération David, dans un rapport destiné à **M.** le chef du service.

———

Paris, le   190 .

RAPPORT.

Au sujet de l'arrestation du nommé DAVID Gustave, inculpé de vol.

Le nommé David, Gustave-Albert, fils de Joseph et de Julie Legrand, âgé de 40 ans, étant né le 14 octobre 1866 à Paris (15e), journalier;demeurant rue du Louvre, n° 42, que j'avais arrêté hier, à 8 heures du soir, dans les circonstances énoncées en mon précédent rapport, a, après interrogatoire, été envoyé au dépôt par M.......,commissaire de police du quartier Vivienne, sous l'inculpation de vol.

L'inspecteur :

MODÈLE d'un rapport d'arrestation pour infraction à un arrêté d'interdiction de séjour.

———

Paris, le   190 .

RAPPORT

Au sujet de l'arrestation du nommé ROBERT Henri, pour infraction à un arrêté d'interdiction de séjour.

Nous avons l'honneur de mettre à la disposition de M. le commissaire de police du quartier de la Gare, le nommé Robert, Henri-Adrien, fils de Jules et de Marthe Roux, âgé de 28 ans, étant né le 27 septembre 1878 à Caen, arrondissement du dit, département du Calvados, mécanicien, logeant rue Rubens, n° 16, arrêté, à 10 heures du matin rue Beaudricourt, n° 86, sous l'inculpation d'infraction à un arrêté d'interdiction de séjour.

Fouillé, était porteur de

Les inspecteurs :

N.-B. — Si l'inculpé est trouvé porteur d'armes prohibées, en plus de l'inculpation, les inspecteurs ajouteront, après le motif de l'arrestation les mots : *et pour port d'armes prohibées*.

MODÈLE d'un rapport pour l'arrestation d'un déserteur, insoumis, manquant aux appels ou réfractaire à la loi sur le recrutement.

———

Paris, le   190 .

RAPPORT

Au sujet du nommé LEGRAND Adrien, arrêté comme déserteur.

Nous avons l'honneur de mettre à la disposition de M. le commissaire de police du quartier de Saint-Germain l'Auxerrois, le nommé Legrand, Adrien-François, fils de Aimé et de Augustine Lecerf, âgé de 22 ans, étant né le 14 novembre 1884, à Amiens (Somme), déserteur du 2° bataillon de chasseurs (*ou* insoumis, *ou* manquant aux appels, *ou* réfractaire à la loi sur le recrutement), arrêté ce jour à 7 heures du matin, rue des Halles, n° 4, où il logeait depuis quinze jours sous le nom de David, Pierre.

Fouillé, était porteur de. . . . .

Les inspecteurs :

Un second rapport, conforme au modèle indiqué d'autre part est établi pour le service.

N.-B. — Les individus arrêtés pour un des motifs visés dans le présent rapport, sont après traduction, mis à la disposition de l'autorité militaire sur la présentation du procès-verbal et d'autres pièces délivrées par le bureau militaire du cabinet. — Pour l'obtention de la prime de capture, il faut produire deux certificats.

LA PRIME	pour désertion, est de	25 fr.
	pour insoumission, est de . . .	25 fr.
	pour manquant aux appels, est de	6 fr.
DE CAPTURE	comme réfractaire à la loi sur le recrutement.	6 fr.

8.

Délais pour être déclaré :

En état de désertion : 7 jours, de minuit à minuit.

Insoumis : le temps n'est pas défini.

Manquant aux appels : dès que l'absence est constatée.

Comme réfractaire à la loi sur le recrutement : il suffit de ne pas se faire inscrire à l'âge de 20 ans.

Ces frais (primes de capture) sont payés trimestriellement par le budget de la guerre.

Tous les états signalétiques et bulletins signalétiques des individus recherchés par l'autorité militaire, sont centralisés au 2ᵉ bureau du cabinet de M. le Préfet de Police.

SECTION V

RÉGIME DES ÉTRANGERS.

Les étrangers ayant un domicile en France doivent être en mesure de présenter la feuille d'immatriculation, car la loi du 8 août 1893, dit :

« Tous les étrangers exerçant une profession ou faisant élection de domicile en France doivent faire leur déclaration sous peine d'une amende de 50 à 200 francs.

« Ils doivent également informer le 4e bureau (36, quai des Orfèvres), en cas de changement de domicile .»

La loi du 8 août 1893 n'a pas aboli le décret du 2 octobre 1888, au contraire elle le complète.

Ce décret demeure applicable aux étrangers n'exerçant ni profession, ni commerce, ni industrie, c'est-à-dire aux rentiers.

Il s'en suit que tout étranger, en dehors de ceux qu sont momentanément de passage sur notre territoire tombe sous l'application soit de la loi du 8 août 1893, soit du décret du 2 octobre 1888.

Lorsqu'un inspecteur se trouve, de par les nécessités du service en présence d'un étranger exerçant une profession ou ayant fait élection de domicile en France et qui ne peut pas présenter sa feuille d'immatriculation, il doit prendre le nom et l'adresse du patron qui l'occupe et le signaler dans son rapport, car la loi du 8 août 1893, dit :

Toute personne qui emploiera sciemment un étranger non muni du certificat d'immatriculation, sera passible des peines de simple police.

Le certificat d'immatriculation sur papier timbré coûte 2 fr. 55 pour Paris, 2 fr. 30 pour Saint-Denis et 2 fr. 10 pour les autres communes de la banlieue (Arrêté ministériel du 23 août 1893 et décret du 12 juillet 1807).

SECTION VI

SERVICE DES GARNIS.

En date du 24 décembre 1904, le service mixte des garnis a transmis au service de sûreté la note ci-après, aux prescriptions de laquelle les inspecteurs devront se conformer :

NOTE.

Le service des garnis demande qu'à l'avenir on fasse autant de fiches d'observations aux garnis qu'il y a de noms différents ou d'orthographes différentes du même nom, avec ou sans renvoi d'une fiche à l'autre.

Cette façon de procéder assurerait une mise en observation plus rigoureuse et plus complète et permettrait le retrait simultané de toutes les fiches concernant le même individu dès que sa mise en observation n'aurait plus sa raison d'être.

Les inspecteurs appelés à mettre le nom d'un individu recherché ou inculpé en observation au service des garnis, sont invités à établir une fiche par nom en rappelant sur la fiche-mère les noms des autres fiches s'y rattachant.

MODÈLE d'une fiche de mise en observation.

———

Commissariat   Paris, le   190
      du
SERVICE DE SÛRETÉ
      —

N° du dossier :

      —

Nom de l'inspecteur   Le commissaire divisionnaire, chef
auteur de la fiche :   du service de Sûreté, prie M. le chef
                          du service des garnis de bien vouloir
                          tenir en observation :

Le nommé :   Noël,
Prénoms :   Auguste-Alphonse,
Age :   30 ans,
Né à :   Paris,
Profession :   cordonnier.

Placé sous le coup : d'une demande de
recherches (*ou* inculpé d'un crime ou
délit).

Nota. — Est en observation sous les noms de Durand
(Pierre-Edmond) et Leblanc (Joseph).
Sur les fiches Durand (Pierre Edmond) et Leblanc (Joseph)
mettre : *Voir* Noël (Auguste-Alphonse).

SECTION VII

MISSIONS EN PROVINCE ET A L'ÉTRANGER.

Certaines affaires dont est saisi le Parquet de la Seine, nécessitent l'envoi en province d'agents ayant pour mission d'y continuer les investigations et opérations commencées à Paris.

Il arrive également que les Parquets de province sollicitent le concours de fonctionnaires du service en vue de procéder à des enquêtes ou des recherches ayant pour but de découvrir les auteurs de crimes ou de délits.

Lorsqu'un fonctionnaire du service est chargé d'une mission en province au profit du Parquet de la Seine, il il reçoit soit une commission rogatoire, soit un mandat d'amener ou d'arrêt et M. le chef de la sûreté lui remet une lettre l'accréditant auprès des autorités locales dont il est susceptible de solliciter le concours pour l'accomplissement de sa mission.

Dès qu'il est arrivé à destination, son premier soin doit être de faire connaître au chef, et par dépêche, l'endroit où il est descendu.

Cette précaution a pour but de lui permettre de recevoir, le cas échéant, de nouveaux renseignements ou de nouvelles instructions.

Ceci fait, il doit se présenter le plus tôt possible au

Parquet de M. le procureur de la République à qui il remet les pièces dont il est porteur.

S'il s'agit de l'exécution ou d'une commission rogatoire, M. le Procureur de la République requiert un juge d'instruction du tribunal de procéder à l'exécution de cette commission rogatoire.

Si l'intervention d'un commissaire de police est utile pour pratiquer une perquisition en vue de saisir tous objets pouvant aider à la manifestation de la vérité, M. le juge d'instruction établit une subdélégation pour le commissaire de police qui sera chargé de l'opération à laquelle peut assister l'inspecteur.

Cet agent ne devra jamais omettre de rendre compte le plus tôt possible de cette opération et il est indispensable qu'il fasse connaître par lettre, au jour le jour, ce qu'il a fait et les démarches qu'il aura à faire.

Les rapports journaliers que l'agent est tenu de transmettre à son chef devront être établis avec la plus grande exactitude, car c'est à l'aide de ces documents, qu'à son retour, il devra rédiger le rapport général relatif à la mission qui lui a été confiée.

Si, pour une opération quelconque, l'intervention de la gendarmerie est nécessaire, il pourra solliciter le concours de celle-ci au moyen d'une réquisition ainsi conçue :

Conformément aux prescriptions de l'article 99 du Code d'instruction criminelle et des articles 67 et 68 et suivants du décret du 20 mai 1903, les soussignés, inspecteurs au ser-

vice de la sûreté de Paris, porteurs d'une commission rogatoire (*ou d'un mandat d'amener, d'arrêt*), ont l'honneur de
prier M. le Chef de la brigade de. . . . . de bien vouloir
mettre à leur disposition un gendarme (*ou deux*) pour les
assister dans l'accomplissement de leur mission (exécution
d'un mandat, jugement, arrêts de la chambre des mises
en accusation, Cour d'assises), concernant un nommé
. . . . . inculpé de. . . . .

Les inspecteurs :

En cas d'arrestation, se conformer aux prescriptions
de la circulaire du 10 décembre 1897 de M. le garde
des sceaux, ministre de la justice, adressée à MM. les
procureurs généraux relative à l'application de la loi
du 8 décembre 1897.

I. — Arrestation de l'inculpé en vertu d'un mandat d'amener à plus de dix myriamètres du lieu où réside le magistrat signataire du mandat.

Les articles 4, 5 et 6 modifient profondément la procédure organisée par les articles 100, 101, 102 et 103 du
Code d'instruction criminelle vis-à-vis des inculpés
arrêtés en vertu d'un mandat d'amener, à une certaine
distance du chef-lieu d'arrondissement où réside l'officier qui a délivré le mandat.

Lorsque cette distance est supérieure à 10 myriamètres (au lieu de 5 myriamètres prévus par l'art. 100
C. inst. crim.), le mandat ne doit pas être purement,
et simplement mis à exécution.

L'inculpé est conduit devant le procureur de la Répu-

9

blique du lieu où il a été trouvé : « ce magistrat l'interroge sur son identité, reçoit ses déclarations, après l'avoir
averti qu'il est libre de ne pas en faire, l'interpelle afin
de savoir s'il consent à être transféré ou s'il préfère
prolonger les effets du mandat d'amener, en attendant,
au lieu où il se trouve, la décision du juge d'instruction
saisi de l'affaire. Si l'inculpé déclare s'opposer au transfèrement, avis immédiat en est donné à l'officier qui a
signé le mandat. Le procès-verbal de la comparution
contenant le signalement complet est trasnmis sans délai à ce magistrat, avec toutes les indications propres à
faciliter la reconnaissance de l'identité. Il doit être fait
mention au procès-verbal de l'avis donné à l'inculpé
qu'il est libre de ne pas faire de déclarations » (art. 5)

II. — Exécution du mandat d'arrêt.

La loi ne contient aucune innovation en ce qui concerne l'exécution du mandat d'arrêt. Les textes du Code
d'instruction criminelle relatifs à cet objet demeurent
donc entièrement applicables.

Toutefois, le Garde des Sceaux a cru devoir rappeler
qu'à la suite de divers incidents, la Chancellerie avait été
amenée à recommander sur ce point certaines mesures
sensiblement analogues aux formalités prescrites par les
articles 4, 5 et 6 précités et que les instructions contenues
dans la circulaire en date du 16 juillet 1896 trouveraient
donc, s'il était nécessaire, une justification nouvelle dans
le vote et la promulgation de la loi du 8 décembre 1897.

Il ne me paraît pas inutile d'en reproduire ici un passage essentiel :

« Dans le cas où un mandat d'arrêt aura dû être décerné, les mesures suivantes seront prises pour prévenir toute chance d'erreur sur l'identité de la personne qui en sera l'objet : l'inculpé arrêté hors de l'arrondissement du magistrat qui a décerné le mandat sera immédiatement conduit devant le procureur de la République de l'arrondissement où il aura été trouvé. Ce magistrat vérifiera personnellement si ce mandat est applicable à l'inculpé et provoquera ses déclarations, si celui-ci croit devoir en formuler.

« Desdites constatations et déclarations, il dressera un procès-verbal qui sera remis aux agents chargés d'assurer le transfèrement et qui devra figurer ultérieurement parmi les pièces de la procédure.

« Si, à défaut de justifications fournies par l'inculpé, les allégations par lui formulées permettent de supposer soit qu'il n'y a pas identité entre l'individu arrêté et la personne désignée au mandat, soit que l'inculpé arrêté est demeuré étranger au fait incriminé, le procureur de la République devra immédiatement en référer télégraphiquement au magistrat de qui émane le mandat, qui appréciera, sous sa responsabilité, la décision à prendre en ce qui concerne le transfèrement de l'inculpé » (Circ., 16 juill. 1896).

A l'étranger.

La Sûreté peut être également dans l'obligation d'envoyer des agents dans des pays étrangers pour y continuer des opérations commencées à Paris.

La jurisprudence n'étant pas la même dans tous les pays étrangers, les agents chargés de ces missions recevront au moment de leur départ des instructions spéciales auxquelles ils n'auront qu'à se conformer.

Allocations accordées pour missions en France et à l'étranger.

Lorsqu'un inspecteur est appelé en mission sur le continent, il voyage en deuxième classe et l'indemnité pour frais de nourriture et hôtel est de 15 francs par jour ; mais pour l'étranger, l'indemnité journalière est portée à 25 francs par jour.

SECTION VIII

Portrait parlé.

Des « Instructions signalétiques » de M. Bertillon, édition de 1893, nous extrayons les lignes suivantes qui semblent avoir été écrites spécialement pour les agents de la police judiciaire :

« S'il est un lieu commun en police, c'est bien le peu
« d'utilité de la photographie pour arriver jusqu'au mal-
« faiteur en fuite. Autant elle serait excellente, dit-on,
« pour confirmer une identité soupçonnée, autant elle se-
« rait insuffisante comme moyen de recherche et il arrive-
« rait journellement aux agents les plus consciencieux et
« expérimentés de passer à côté d'un « *type* », dont ils auraient
« l'image en poche, sans le reconnaître ».....

. . . .

« Le portrait photographique deviendrait un instrument
« de *recherche* et de *reconnaissance* bien autrement efficace
« si les agents étaient plus familiarisés avec la façon de s'en
« servir, de *l'analyser*, de le *décrire*, de *l'apprendre par*
« *cœur*, d'en tirer en un mot tout ce qu'il est possible ; car
« il faut, pour bien voir ou mieux pour *percevoir* ce que
« l'on *voit*, connaître d'avance quels sont les points à re-
« garder. »

Il nous a été donné, en 1903, ainsi d'ailleurs qu'à la

plupart des gradés et inspecteurs, actuellement en service à la Sûreté, de nous rendre compte de la véracité de ce qui précède : autant nous éprouvions de difficultés avant cette époque pour l'utilisation des photographies, autant il nous est facile maintenant de vérifier et d'affirmer l'identité ou la non-identité entre deux portraits.

C'est pour compléter à ce point de vue l'instruction professionnelle des inspecteurs que M. le Préfet de police a pris, le 6 mars 1895, un arrêté créant, au service de l'identité judiciaire, le cours de signalement descriptif, arrêté complété par celui du 1er février 1902, instituant un brevet destiné à constater l'aptitude des fonctionnaires et agents ayant suivi le cours avec succès ; l'article 2 de ce dernier arrêté stipule :

« Ce brevet sera exigé de tous les agents de la Direction des recherches proposés pour l'avancement et de tous les candidats aux fonctions de commissaire de police ou d'officier de paix de la Ville de Paris et au grade préalable d'inspecteur principal. »

La méthode du signalement descriptif consiste dans l'analyse des différentes parties du visage vu de profil, côté droit et de face ; chaque partie du visage est examinée à autant de points de vue qu'il est nécessaire pour obtenir une description complète de sa forme, de l'inclinaison de certaines lignes et de ses dimensions. Tous les points de vue à examiner sont représentés par une question ou rubrique à laquelle il suffit de répondre par des termes connus tels que : petit, moyen, ou grand pour les dimensions ; vertical, horizontal ou oblique pour les inclinaisons ; rectiligne, concave, convexe, sinueux, etc..., pour les formes.

Les termes de la même nature sont, par un procédé d'atténuation et d'accentuation des extrêmes, groupés en séries allant du plus petit au plus grand, ou du plus concave au plus convexe par échelons insensibles de sorte qu'il n'y a pas faute quand, pour l'appréciation d'une dimension par exemple, on a employé deux termes immédiatement voisins dans l'échelle de sériation.

Exemple de l'échelle des termes employés pour les dimensions :

très petit, petit, légér'. petit, moyen, légèrement grand, grand, très grand .

en abré-
viation : p̠   p   (p)   m   (g)   g   g̠

L'ensemble de ces rubriques est représenté par le formulaire ci-après :

TÊTE

- taille 1m, ...
- voûte ...
- enverg. 1m, ...
- buste 0m, ...
- longr ...
- largr ...
- zygo ...
- oreille dr. ...
- pied g. ...
- médius g. ...
- auricre g. ...
- coudée g. ...
- no de cl. ...
- aurle ...
- périe ...
- partés ...
- nuce ...
- rques ...
- Barbe Chevr {nuce, rques}

FRONT

- Arcs ...
- Inclinn ...
- Hautr ...
- « Largr ...
- Partés ...
- bord. Orige ...
- lob. contr. ...
- a. trag. incln. profr ...
- pli infr ...

Supre ... Postre
adhe ... mode
renvt ... renvt
supr ... forme

Oreille droite

NEZ

- Racine (profr) ...
- Dos ... Base
- Hautr | Saillie | Largr
- « ... »
- Partés ...

LÈVRES

- Hr labiale ...
- Proémce ...
- Bordure ...
- Épaisseur ...
- Partés ...

Menton bouche

- « Dimn ...
- « Partés ...
- Inclinn ...
- Hautr ...
- Partés ...

Contour de profil — Fr.-nasal ..., Naso-bucl ...

SOURCILS

- emplt ...
- directn ...
- forme ...
- dimns ...
- partés ...
- nuance ...

GLOBes PAUPIÈRES

- Ouvre {Horizt, Vertl}
- mode supr ...
- partés ...
- « Saillie ...
- partés ...

RIDES

- frtles ...
- srcres ...
- divos ...
- orbites ...
- interoculaire ...
- expression ...

Contour de face

- Hr crâne ...
- Malfns ...
- État graisseux ...

CORPULce

- cou ...
- carr. incln ...
- ceinture ...
- Attitude, allure, langage, etc. ...
- partés ...
- carr. incln ... Largr ...

TEINT ... nuce, rques

Race ...
(En cas d'exotisme) (Pigron, Sangee, partés)

Relever un signalement descriptif consiste donc à répondre à toutes les questions du formulaire ci-dessus. Cependant lorsque la forme, l'inclinaison ou la dimension visée ne s'écarte pas de l'ordinaire, il n'y a pas lieu de répondre à la rubrique y relative. Or, les formes et dimensions moyennes étant de beaucoup les plus nombreuses, il résulte de l'observation de la règle ci-dessus qu'un signalement descriptif se compose seulement d'une dizaine d'indications, toutes relatives à des caractères non moyens, caractères qui, par le fait de leur excentricité, sont de nature à faire distinguer le sujet sur qui ils ont été relevés ; l'ensemble des caractères ainsi relevés constitue un signalement tout à fait personnel.

Nous sommes loin du signalement des livrets militaires, des permis de chasse et des passeports où les visages ovales, les bouches moyennes et les mentons ronds occupent la plus large part.

Nous donnons ci-après une énumération des termes employés pour répondre aux différentes rubriques du formulaire qui précède. Ces termes sont groupés en trois catégories suivant qu'ils se rapportent soit aux caractères chromatiques (ou de couleur) et aux renseignements signalétiques qui s'y rattachent, soit aux caractères morphologiques (ou de forme) du visage ; soit enfin aux caractères d'ensemble.

Les termes relatifs aux caractères morphologiques sont divisés en deux sections : — section A pour les carac-

9.

tères à voir de profil, côté droit ; — section B pour les caractères à voir de pleine face (Dans certains cas on s'est
trouvé dans la nécessité de ne pas obéir à cette règle ;
les rubriques sont alors inscrites entre guillemets).

CARACTÈRES CHROMATIQUES

Couleur de l'iris gauche.

N^{os} *de classe.* . . .		1, 2, 3, 4, 5, 6, 7.

Auréole

Forme. . .		dentelée, concentrique, rayonnante.
Nuance. . .		pâle, jaune, orangé, châtain, marron.
Ton. . . .		clair, moyen, foncé.

Périphérie

Nuance. . .		azurée, intermédiaire-violacée, ardoisée ; jaunâtre ou verdâtre (avec ou sans pigment).
Ton. . . .		clair, moyen, foncé.

Particularités . . .
truité ; secteur jaune, orangé, châtain, marron ;

yeux vairons (indiquer la couleur de l'iris droit) ;

zone concentrique grisâtre ; cercle sénile ; taie ;

PUPILLE dilatée, piriforme, excentrique ;

ne voit pas, ou amputé, de l'œil g. ou dr. ;

œil de verre.

Cheveux.

Nuance.	— blonds ou roux, châtains, châtain-noir, noirs ; grisonnants, blancs.
Ton	clair, moyen, foncé.

Remarques sur

la nature ou le degré d'ondulation — droits, ondés, bouclés, frisés, crépus, laineux.

le tracé de l'insertion frontale. .
— à insertion circulaire.
— à insertion rectangulaire.
— à insertion en pointes (montantes).

l'abondance. . .
— très abondant[s]
— clairsemés.

Calvitie
{ frontale.
tonsurale.
pariétale.
alopécie totale.

la coupe. . . . sa désignation à la mode du jour.

diverses particularités. . . . mèche de nuance différente ; albinos ;
— teints ; porte perruque, teigneux, etc...

Barbe.

Nuance. . . . . . — blonde ou rousse, châtain, châtain-noir, noire ;
grisonnante, blanche,

Ton . . . . clair, moyen, foncé.

Remarques sur

la nature des poils raides, souples, droits, bouclés, frisés, crépus.

l'emplacement naturel et le degré d'abondance. .
naissante.
moustaches.
favoris.
de bouc.
en collier.
entière.
face glabre.

abondant ou clairsemé,
en complétant, s'il y a lieu, par la désignation des parties glabres.

la coupe. . . . fer à cheval, mouche, collier, barbiche française,
barbiche et collier à l'américaine, menton rasé,
favoris divers avec ou sans moustaches, etc.

diverses particularités. . . . mélangée de...... et de...... ; albinos ;
— teinte.

Race (en cas d'exotisme seulement).

(*Type ou caractère ethnique*) . . . . } Nègre, mulâtre, chinois, arabe, gitane, etc.

Teint.

Pigmentation . . . | petite, moyenne, grande.
Sanguinolence . . . | petite, moyenne, grande.
Particularités . . . { — hâlé, bilieux, jaune, cireux, chlorotique ; rousseurs, éruption, acné, etc.

CARACTÈRES MORPHOLOGIQUES

A. — *A voir de profil.*

Front.

Arcades (proéminence des) . . . . . } petite, moyenne, grande.
Inclinaison . . . . { oblique (ou — fuyant). intermédiaire. verticale, — proéminent (ou bombé).
Hauteur . . . . . | petite, moyenne, grande.
« Largeur ». . . . | petite, moyenne, grande.
Particularités . . . { proéminence des sinus, des bosses frontales ; profil courbe.

Nez.

Racine (profondeur de la) . . . . . } petite, moyenne, grande.
Dos . . . . { cave, rectiligne, vexe, busqué. VARIÉTÉ : sinueux.
Base. . . . . . . | relevée, horizontale, abaissée.

Hauteur	petite, moyenne, grande.
Saillie	petite, moyenne, grande.
« *Largeur* ». . . .	petite, moyenne, grande.

Particularités.

racine du nez très étroite ou très large, de hauteur très petite ou très grande ; racine écrasée.

ligne dorsale en S ; méplat dos du nez, dos mince ou large, nez écrasé, dos incurvé à gauche ou à droite.

bout effilé, gros, bilobé, méplat bout du nez, bout dévié à gauche ou à droite, couperosé.

cloison découverte, cloison non apparente ; narines empâtées, mobiles, récurrentes, dilatées, pincées.

narine gauche ou droite, aplatie ou surélevée.

Oreille droite.

Bordure. . . . . .

Originelle (longueur) :
- nulle.
- petite.
- moyenne.
- grande.

Postérieure 1° largeur de l'ourlet :
- plate.
- petite.
- moyenne.
- grande.

Supérieure largeur de l'ourlet :
- plate.
- petite.
- moyenne.
- grande.

2° degré d'ouverture de l'ourlet :
- ouverte.
- intermédre.
- adhérente.

Particularités :

nodosité, élargissement, saillie ou tubercule darwiniens.

bordure froissée, échancrée ; bordure postérieure fondue (au niveau de la pointe inférieure de la fossette naviculaire).

contour supérieur aigu, contour supéro-antérieur équerre ou aigu.

contour supéro-postérieur équerre ou aigu, contour supérieur bicoudé.

Lobe :

- *Contour* : descendant. / équerre. / intermédre. / golfe.
- *Modelé* : traversé. / intermédre. / uni. / éminent.
- *Adhérence à la joue* : fondu. / intermédre. / séparé.
- *Hauteur* : petit. / moyen. / grand.

Particularités :

lobe percé, fendu : lobe étroit ou large, pointu ou carré.
lobe à inclinaison oblique interne ou externe, lobe à torsion
   antérieure.
lobe à fossette, à virgule.
ride oblique postérieure unique et rides multiples du lobe.

Antitragus. . . . . .

- *Inclinaison* : horizontal. / intermédre. / oblique.
- *Renversement* : versé. / intermédre. / droit.
- *Profil* : cave. / rectiligne. / intermédre. / saillant.
- *Volume* : nul. / petit. / moyen. / grand.

Particularités :

antitragus fusionné avec bordure originelle.
tragus très pointu, bifurqué ; tragus ou antitragus poilus.
incisure post-antitragienne, canal intertragien très étroit.
pointe naviculaire en fossette.

Plis et forme générale. . . . . .

- *Inférieur ou coupe horizontale* : cave. / intermédre. / vexe.
- *Forme générale* : triangulaire. / rectangul. / ovale. / ronde.
- *Supérieur* : nul. / effacé / intermédre. / accentué.
- *« Ecartement »* : supérieur. / postérieur. / inférieur. / total (ou pédonculé).

Particularités :

conque basse ou haute, étroite ou large, repoussée, traver-
sée, etc. ; oreille étroite ou large.

origines contiguës ou largement séparées.

pli supérieur à plusieurs branches, joignant la bordure,
hématome du pli supérieur, pli médian horizontal.

oreille à insertion verticale ou très oblique ; oreille collée
supérieurement et écartée inférieurement, oreille cassée à
l'antitragus.

Lèvres.

Hauteur naso-labiale — petite ou grande.

Proéminence . . .
- — supérieure proéminente.
- — inférieure proéminente.

Bordure . . . . .
- petite (ou — peu bordées).
- grande (ou — largement bordées).

Epaisseur. . . . .
- petite (ou — minces).
- grande (ou — épaisses).

Remarques . . . .
- Défaut d'adhérence { supér⁰ retroussée. inférieure pendante.
- sillon médian accentué.
- lèvres gercées.
- cicatrice de bec-de-lièvre.

Bouche.

Dimension . . . . — petite ou grande.

Remarques . . . .
- — pincée ou bée.
- — à coins abaissés ou relevés ; bouche en cœur, lippue, abaissement du coin g. ou dr. de la — ;
- — oblique à g. ou à dr.

Dentition : incisives supérieures ou infé-rieures découvertes, larges, che-vauchant, saillantes ; perte des incisives supérieures, fausses dents, etc.

Menton.

Inclinaison	— fuyant ou saillant.
Hauteur	petite ou grande.
« *Largeur* ». . . .	petite (ou — pointu) ; grande (ou — carré).
Remarques	**Modelé** ⎰ (— plat, à houppe, à fossette, ⎱ à fossette allongée, bilobé. accentuation du sillon sus-menton- nier.

Contour général de la tête.

A. — (vue de profil)

Profil fronto-nasal .	continu ou brisé ; parallèle ou angu- leux. PARTICULARITÉS : arqué, ondulé.
Profil naso-bucal . .	proéminence dentaire. proéminence des os de la base du nez. prognathisme supérieur, inférieur ou total. orthognathisme supérieur, inférieur ou total. face rentrée en dedans.
Synthétiquement . .	semi-lunaire, en pignon.
Hauteur cranienne .	crâne bas. crâne haut.
Malformation et par- ticularités cranien- nes	— en bonnet à poils, « en carène », en besace, occiput plat, occiput bombé (ou proéminent), érachycé- phalie, dolicocéphalie.

B. — (vue de face).

1° *Synthétiquement*.

— en pyramide.
— en losange.
— en toupie.
— bi-concave (ou étroites-se temporale).
— carré (ou large).
— rond.
— ovale.
— rectangulaire (ou long ou étroit).
— asymétrique.

2° *Analytiquement*.
mâchoires écartées ou rap-prochées.
zygomes écartés ou rappro-chés.
pariétaux écartés ou rap-prochés.
pommettes saillantes.
flaccidité des chairs.

ETAT GRAISSEUX :

face pleine (ou grasse).
face osseuse (ou maigre)

Sourcils.

Emplacement . . .
{
— rapprochés ou écartés.
— bas ou hauts.
— asymétriques (gauche ou droit plus haut).
}

Direction . . . . .
{
— oblique interne.
— oblique externe.
}

Forme . . . . . .
{
— fortement arqués.
— rectilignes.
— sinueux.
}

Dimensions . . . .
{
— courts.
— longs.
— étroits (ou linéaires).
— larges.
}

Remarques sur l'im-plantation . . . .
{
— clairsemés.
— clairsemés en queue.
— fournis ou drus.
— réunis.
— à maximum en queue.
— en brosse.
— en pinceau.
}

Nuance. . . : . . .
{
— blonds.
— roux.
— noirs.
}
à noter seulement quand elle tranche avec celle des cheveux.

Paupières.

Dimensions de l'ouverture
— *Horizontale-ment* . . .
{ petite (ou — peu fendues).
{ grande (ou — largement fendues).

— *Verticalement*
{ petite (ou — peu ouvertes).
{ grande (ou — très ouvertes).

Modelé de la paupière supérieure .
{ — recouvertes.
{ — découvertes

Remarques . . . . .
{ angle externe relevé ou abaissé.
yeux bridés.
— supérieure gauche ou droite tombante.
débordement externe ou entier des — supérieures.
— inférieures à bourrelet, à poches, ridées.
— échancrées, rouges, larmoyantes, dégarnies de cils, chassieuses, renversées.

Globes oculaires.

« *Saillie* ». . . . .
{ petite (ou — enfoncés).
{ grande (ou — saillants).

Particularités . . . .
{ iris relevé ;
{ strabisme gauche ou droit, convergent ou divergent.

Orbites.

hautes ou basses. | excavées ou pleines.

Interoculaire.

petit ou grand.

Rides.

frontales. . . . . . . { totale ou médiane, courbes, arquées rectilignes, sinueux.

intersourcilières . . { verticale (et médiane) ; verticale (et unilatérale) à gauche ou à droite ; oblique à gauche ou à droite ; triangle et inters[rs].
horizontale et circonflexe de la racine du nez.

{ — temporales (ou pattes d'oie) ;
— tragienne.

diverses. . . . . . { sillon naso-labial, sillon jugal.
— verticales et horizontales du cou, bourrelet occipital.

Toutes les rides peuvent être : { unique, double, triple, multiple, accentué ou néant.

Expression habituelle de la physionomie. { étonnée, souriante, moqueuse, méditative, souffrante, grimaçante.

CARACTÈRES D'ENSEMBLE

Corpulence.

Cou. {
Longueur . . | cou court, cou long.
Largeur. . . { cou mince (ou maigre).
cou gros (ou gras).
Particularités { larynx, saillant double menton, goître.

Carrure {
Inclinaison. . { horizontale, intermédiaire, oblique.
épaule gauche ou droite tombante.
Largeur. . . | petite, moyenne, grande.
Ceinture. . . | petite, moyenne, grande.

Attitude.

raide, voûtée, nonchalante ; tête penchée en avant ou en
arrière, tête déjetée à gauche ou à droite ; dos rond, épau-
les saillantes, bossu.

posture habituelle des bras et des mains ; jambes arquées,
cagneuses, etc.

Allure.

Démarche	lente, à petits pas, légère, sautil-lante, ou inversement ; boiteuse à gauche ou à droite, pieds-bots, pointe des pieds tournée en dedans ou exagérément en dehors.
Gesticulation . . .	gesticulation nulle ou abondante des doigts, de la main, des bras, de la tête ; gaucher, etc.
Regard	droit ou oblique, perçant ou atone, fixe ou mobile, lent ou rapide, franc ou fuyant, en coulisse, etc. myope, presbyte ; clignotant ; porte monocle, lorgnon, lunettes.
Tics et mimique. . .	des sourcils, des paupières, du nez, de la bouche ; se ronge les ongles ; fume, chique, prise.

Langage.

Vices d'articulation.	bégaiement ; hésitation, bredouille-ment ; blésité, chuintement, zézaie-ment, grasseyement, nasonnement.
Timbre.	voix grave, aiguë, féminine chez l'homme et inversement.

Parler . . . . . . $\left\{\begin{array}{l}\text{faubourien, campagnard de Seine-et-}\\\text{Oise, picard, méridional, etc.}\end{array}\right.$

Accent étranger . . $\left\{\begin{array}{l}\text{son origine ; porte-t-il sur voyelles,}\\\text{consonnes ou déplacement de l'ac-}\\\text{cent tonique, avec ou sans faute de}\\\text{genre, de construction, etc. ?}\end{array}\right.$

Habillement.

neuf ou vieux ; col, cravate, chaussure, canne, gants, bagues, etc.

CHAPEAU : sa forme, sa désignation à la mode du jour ; coiffé en avant ou en arrière, à gauche ou à droite, etc.

Présomption sociologique.

origine ethnique ou sociale, éducation, profession.
antécédents de toute nature.

Indications complémentaires.

taille, hauteur du buste, longueur de l'oreille droite, âge réel et âge apparent, choix des autres mensurations qui s'écarteraient très notablement de la moyenne. Principales marques particulières et formule digitale.

ALBUMS D.K.V.

La connaissance du signalement descriptif n'est pas seulement de nature à faire éviter les erreurs de personnes au cours des arrestations ; elle permet en outre d'utiliser des albums de format portatif dans lesquels sont classés méthodiquement les portraits de plusieurs milliers d'individus à surveiller, tels que : interdits de séjour, évadés des pénitenciers de la Guyane, étrangers expulsés de France, etc.

Chaque album comprend de 2.000 à 3.000 photographies qui sont d'abord réparties en trois embranchements d'après la forme du dos du nez.

Chaque embranchement est ensuite divisé en sept groupes et chaque groupe en deux ou trois sous-groupes, au moyen des formes les plus caractéristiques de l'oreille droite énumérées ci-après et désignées par les abréviations :

DEQ. — CAR. — VEX. — TRA. — SEP. — SA. — X. — d'où le nom d'albums D.K.V.

DEQ. — Lobe à contour descendant ou équerre.
CAR. — Antitragus à profil cave ou rectiligne.
VEX. — Pli inférieur vexe (convexe).
TRA. — Lobe à modelé traversé.
SEP. — Lobe à adhérence séparée.
SA. — Antitragus à profil saillant.
X. — Absence des caractères précédents.

(V. page 158).

Les sous-groupes sont ensuite répartis en divisions au moyen de la taille et quelquefois en subdivisions par l'âge.

Chaque division ou subdivision d'une vingtaine de photographies correspond à une planche double de deux pages, celle de gauche réservée aux sujets à iris clairs et celle de droite aux yeux foncés ; enfin dans chaque page, les portraits sont ordonnés d'après l'inclinaison de la base du nez (V. pages 157-158).

Il va de soi que pour effectuer une recherche dans un recueil de ce genre, il suffit de relever sur le sujet soupçonné :

1° La forme du dos du nez ;

2° Les formes caractéristiques de l'oreille ;

3° La taille ;

4° L'âge ;

5° La couleur de l'iris gauche ;

6° L'inclinaison de la base du nez ;

7° Enfin quelques renseignements caractéristiques qui permettront d'identifier le sujet dont il s'agit parmi les quelques photographies auxquelles on sera amené par des éliminations successives.

CHAPITRE V

PRIMES DE CAPTURE. — ALLOCATIONS DIVER-SES. — REMBOURSEMENT DES FRAIS

§ 1. — Tarif des primes de capture à payer sur les frais de justice.

L'article 6 du décret du 7 avril 1813 et l'ordonnance du 6 août 1823 déterminent la taxe des primes de cap-ture comme suit :

ART. 6. — 1° Pour capture ou saisie de la per-sonne en exécution d'un jugement de simple police, du tribunal correctionnel ou d'un arrêt de la Cour, quand la peine d'emprisonnement prononcée est in-férieure à 6 jours, sans qu'il puisse être alloué aucun droit de perquisition :

A Paris	5 fr.
Dans les villes de 40.000 habitants et au-dessus .	4 »
Dans les autres villes et communes.	3 »

2° Pour capture en exécution d'un mandat d'arrêt ou d'un jugement ou arrêt en matière correction-nelle emportant peine d'emprisonnement de 6 jours au moins :

A Paris	18 fr.
Dans les villes de 40.000 habitants et au-dessus .	15 »
Dans les autres villes et communes.	12 »

3° Pour capture en exécution d'une ordonnance de prise de corps ou arrêt portant la peine de réclusion :

A Paris . . . . 21 fr.
Dans les villes de 40.000 habitants et au-dessus . 18 »
Dans les autres villes et communes. . . . . . . 15 »

4° Pour capture en exécution d'un arrêt de condamnation aux travaux forcés ou à une peine plus forte :

A Paris . . . . 30 fr.
Dans les villes de 40.000 habitants et au-dessus. 25 »
Dans les autres villes et communes. . . . . . . 20 fr.

Dans les départements il ne doit rien être alloué pour l'exécution des mandats d'amener ou de dépôt (Inst. gén. sur les frais de justice, 30 sept. 1826).

Par exception, il est accordé pour le département de la Seine, aux fonctionnaires de la police judiciaire, une indemnité de 8 francs pour chaque mandat d'amener mis à exécution (Décr. du 18 juin 1871, art. 71, § 3; déc. du ministre de la justice, 25 fév. 1823).

§ 2. — Primes spéciales accordées dans le département de la Seine pour les captures en flagrant délit.

Lorsqu'à la suite d'une opération de flagrant délit, l'inculpé est dirigé sur le Dépôt près la préfecture de police, le commissaire de police délivre aux inspecteurs un *certificat de capture* attestant l'arrestation du coupable ; cette pièce est déposée au bureau de la comptabilité du service qui est chargé de centraliser dans le but ci-après défini :

A la fin de chaque trimestre, les inspecteurs du service de sûreté détachés au Parquet, inscrivent sur les certificats de capture les condamnations prononcées et c'est sur cette attestation que le 2e bureau de la 1re division les taxe.

Par des arrêtés des 12 messidor an VIII, 26 juillet 1858, 11 septembre 1886, 15 avril 1888 et 31 juillet 1891, le Préfet de police, en vue d'encourager les agents, gendarmes, gardes champêtres qui, sans être requis, opèrent l'arrestation de malfaiteurs en flagrant délit, leur a alloué les primes suivantes :

1° Pour l'arrestation en flagrant délit d'un individu ayant commis ou tenté de commettre un assassinat . . . . 50 fr.

2° Pour l'arrestation en flagrant délit d'un individu ayant commis ou tenté de commettre un meurtre, un incendie, vol à l'aide de violences, ou d'un individu inculpé de fabrication ou d'émission de fausse monnaie, billets de banque . . . . 15 fr.

3° Pour l'arrestation en flagrant délit d'un individu ayant commis ou tenté de commettre un vol à l'aide d'effraction, d'escalade ou de fausses clés ; d'un recéleur nanti d'objets volés dans les conditions ci-dessus, ou d'un individu inculpé de fabrication ou d'émission de fausse monnaie quelconque . . . 10 fr.

4° Pour l'arrestation en flagrant délit d'un individu ayant commis ou tenté de commettre un vol avec escalade ou effraction dans les dépendances de maisons habitées, vol simple, vol domestique, vol à

l'américaine, à la roulotte, recel d'objets volés; pour
un individu inculpé de coups et blessures volontai-
res, infraction à la loi du 27 mai 1885 (*interdiction
de séjour*) ; infraction à la loi du 3 décembre 1849
(*expulsion*).   5 fr.

Les primes ainsi accordées sont inscrites au chapitre III, article 2, du budget du service de la sûreté.

Il existe aussi les primes résultant de l'exécution des
mandements de justice, mandats, jugements, arrêts.

Ces primes sont payées par l'administration de l'Enregistrement qui fait les avances des primes criminelles, etc., et continue de poursuivre sur les condamnés le
recouvrement des frais de justice qui ne doivent pas res-
ter à la charge de l'Etat (Ordonn. du 3 nov. 1849).

Il y a d'autres primes accordées :

Pour l'arrestation d'un déserteur ou d'un insoumis . . . .   25 fr.
Pour l'arrestation d'un manquant aux appels . .   6 »

Ces frais sont payés par le budget de la guerre.

Les états signalétiques des déserteurs, insoumis, man-
quants aux appels sont centralisés au 2ᵉ Bureau du cabinet du Préfet de police.

NOTA. — Pour tout ce qui est relatif aux militaires, voir
les explications au bas du modèle du rapport d'arrestation,
page 137.

§ 3. — Tarif des frais de transports spéciaux au département de la Seine.

Les transports en première banlieue sont tarifés
pour l'aller et le retour . . . .   1 fr.
    Les transports en seconde banlieue sont tarifés
pour l'aller et le retour. . . . .   1 fr. 20
    Et enfin les dernières limites du département de
la Seine sont tarifées pour l'aller et le retour. . .   1 fr. 40
                                              et. . .   1 fr. 60

§ 4. — **MODÈLES** pour l'établissement des bons et réquisitoires.

1° pour la mise à exécution des pièces de justice.

— RECTO —

Service de Sûreté	Paris, le 2 janvier 1906.

Service de Sûreté

BRIGADE CENTRALE

N° du dossier :
61.324

B. P. F. **1.20**
=

Nom : HENRI.
Grade : inspecteur
=

Pour acquit de la somme de Un franc vingt centimes.

HENRI.

Paris, le 2 janvier 1906.

Vu :
Le Chef d'attribution,

N° d'enregistrement à la Comptabilité

BON pour la somme de *un franc vingt centimes,* montant de la somme due pour frais de transports, pour la mise (ou pour avoir tenté de mettre) à exécution d'un (ou plusieurs) mandat (jugement ou arrêt) contre les nommés DURAND Louis, demeurant 26, rue de Paris, à Asnières (Seine) et MALARD Léon, demeurant 104, rue de Montmartre.

L'Inspecteur,
HENRI.

— DÉTAIL AU VERSO —

— VERSO —

DÉTAIL :

Transport aller et retour du service au n° 26, rue de Paris à Asnières. . . . . **1 fr. 20**

10.

2° pour la mise à la disposition de MM. les commissaires de police.

— RECTO —

Service de Sûreté

BRIGADE CENTRALE

Paris, le 30 janvier 1906.

N° du dossier :
415.027

Vu :
Le Chef d'attribution,

—

B. P. F. **3.50**

N° d'enregistrement à la Comptabilité

=

Nom : HENRI.
Grade : inspecteur

=

Pour acquit de la somme de Trois francs cinquante centimes. HENRI.

BON pour la somme de *Trois francs cinquante centimes*, montant des dépenses faites en frais de transports et divers pendant les journées des 28 et 29 janvier 1906, au cours des surveillances exercées (*ou au cours des investigations faites, ou de l'enquête effectuée*) en vue d'amener l'arrestation du nommé LECOMTE André, demeurant rue Legendre, 127, inculpé de vol par salarié.

L'Inspecteur,

HENRI.

— DÉTAIL AU VERSO —

— VERSO —

DÉTAIL :

28 janv. 1906. — Transport rue Marcadet, n° 85. . .	0.30
Surveillance commencée à 8 h. 30 du matin, terminée à 6 h. 40 du soir, un repas.	2.»»
Divers au cours de la surveillance .	0.60
29 janv. 1906. — Transport rue de Tolbiac, n° 92. .	0.30
Retour au service.	0.30
Total.	3.50

Service commencé le 28 à 8 h. 30 du matin, terminé le 29 à 11 heures du matin.

Nota. — Si les recherches ou investigations commencent le matin pour ne se terminer que le soir, après l'heure à laquelle le repas est acquis, on terminera par la mention suivante :

Service commencé à 8 h. 30 du matin et terminé après 8 h. du soir

deux repas	4.»»
retour au service	0.30

Enfin, si la remise d'un rapport de vaines recherches entraîne ou nécessite un transport, le bon se terminera par cette dernière dépense.

MODÈLES pour l'établissement des bons pour dépenses faites au cours de différents services.

— RECTO —

Service de Sûreté — BRIGADE CENTRALE — N° du dossier : 406.452 — B. P. F. 3.50 = Nom : HENRI. Grade : inspecteur = *Pour acquit de la* somme de Trois francs cinquante centimes. 　　HENRI.	Paris, le 18 mars 1906. Vu : *Le chef d'attribution,* N° d'enregistrement à la Comptabilité 　　BON pour la somme de *Trois francs cinquante centimes*, montant des dépenses faites en frais de transports et divers, pendant les journées des 16 et 17 courant, au cours des surveillances exercées (*ou des investigations faites, ou de l'enquête effectuée*) en vue d'amener l'arrestation (*ou qui ont amené*) du nommé MOREAU Lucien, demeurant rue de Crimée, 15, inculpé de vol. 　　　　　*L'Inspecteur,* 　　　　　　　　HENRI.

— DÉTAIL AU VERSO —

— VERSO —

DÉTAIL :

16 mars 1906. —	Transport rue de Crimée, 15	0.30
	Investigations commencées à 8 h. 15 du matin, terminées à 7 h. du soir, 1 repas.	2.»»
	Retour au service	0.30
17 mars 1906. —	Transport rue d'Allemagne, 154. .	0.30
	Divers au cours des investigations.	0.30
	Transport retour au service. . . .	0.30
	Total.	3.50

Service de Sûreté
—
BRIGADE CENTRALE
—
Nº du dossier :
    61.957

B. P. F.   **4.50**
    =

Nom : HENRI.
Grade : inspecteur
    =

*Pour acquit de la
somme de* Quatre
francs cinquante
centimes.

HENRI.

Paris, le 18 mars 1906.

Vu :

Le chef d'attribution,

Nº d'enregistrement à la Comptabilité

BON pour la somme de *Quatre francs
cinquante centimes*, montant des dépenses faites :

1º En frais de transports au cours de
l'extraction de la prison de St-Lazare
de la nommée DULAC Jeanne, femme
Carpentier, qui a été conduite à
son domicile, rue de Crimée, 16,
où une perquisition a été pratiquée.
— Celle-ci, détenue pour vol, a été
ensuite réintégrée.

    ou :

2º En frais de transports urgents pour
assurer la présence du nommé LA-
FOND Jacques, demeurant rue Davy,
45, qui devait être entendu dans
l'affaire Robert, inculpé de vol.

            L'Inspecteur,
                HENRI.

Nota. — On peut réclamer le remboursement de ces dépenses en établissant un réquisitoire à M. le Juge d'instruction,
M. le Substitut du Procureur de la République, M. le Substitut du Procureur général, M. l'Avocat général, M. le Président
de la Cour d'assises et tout autre magistrat, en se conformant
au modèle affecté à cet effet.

Service de Sûreté   Paris, le 17 mars 1906.
—

BRIGADE CENTRALE   Vu :
—
N° du dossier :   *Le chef d'attribution,*
     67.548
     —
                         N° d'enregistrement à la Comptabilité

B. P. F.   **7.30**   *Payé sur réquisitoire.*
=

Nom : HENRI.   BON pour la somme de *Sept francs*
Grade : inspecteur   *trente centimes,* montant des dépenses
     =   faites pendant les journées des 15 et 16
                           courant, au cours des surveillances
                           effectuées à l'égard du nommé SOLDA-
Pour acquit de la   RINI Guiseppe, inculpé de vol.
somme *de* Sept
francs trente cen-
times.   *L'Inspecteur,*
     HENRI.   HENRI.

— DÉTAIL AU VERSO —

Nota. — Ce bon se place ensuite dans la minute du réquisitoire.

MINUTE pour l'établissement des réquisitoires.

PRÉFECTURE DE POLICE — Service de Sûreté — BRIGADE CENTRALE — N° d'enregistrement à la Comptabilité	Paris, le 17 mars 1906.

PRÉFECTURE
DE POLICE
—
Service de Sûreté
—
BRIGADE CENTRALE
—
N° d'enregistrement à
la Comptabilité

Nombre de bons
compris
dans le réquisitoire
UN

— Ne rien écrire ici | . . . . au service de Sûreté.

RÉQUISITOIRE fait le . . . . .
au nom de M. . . . . .
grade. . . . . . .

Paris, le 17 mars 1906.

Vu :

Le chef d'attribution,

BON pour réquisitoire à M.. . . . .
juge d'instruction, pour la somme de
Sept francs trente centimes, montant des
dépenses faites pendant les journées
des 15 et 16 courant, au cours des surveillances effectuées à l'égard du nommé SOLDARINI Guiseppe, inculpé de vol.

L'Inspecteur,

HENRI.

Nota. — Ce bon, déposé à la Comptabilité, est reproduit sur
deux formats spéciaux dont un, après l'ordonnancement de
M. le juge d'instruction, reste au dossier de l'inculpé, et l'autre
l'exécutoire est déposé au Bureau de l'Enregistrement qui rem-
bourse les frais sur l'acquit de l'ayant droit.

MODÈLE pour l'établissement d'un réquisitoire et dont le remboursement des frais urgents est prévu par les articles 133 et 134 du décret du 18 juin 1811.

PRÉFECTURE
DE POLICE
—

Service de Sûreté
—

Nº de la Comptabilité
94

=

Vu :

*Le Chef du service
de sûreté,*
O. HAMARD.

Le soussigné HENRI, inspecteur au service de Sûreté à Paris, prie M. . . . . juge d'instruction. . . . . de vouloir bien ordonnancer le paiement de la somme de *Sept francs trente centimes*, montant des dépenses faites pendant les journées des 15 et 16 courant, au cours des surveillances exercées à l'égard du nommé SOLDARINI Guiseppe, inculpé de vol.

Paris, le 17 mars 1906.

HENRI.

EXÉCUTOIRE

Pour acquit :

Nous, ... juge d'instruction, décernons exécutoire de la présente réquisition s'élevant à la somme de *Sept francs trente centimes*.

Et attendu qu'il n'y a pas de partie civile en cause, disons que ladite somme de *Sept francs trente centimes* sera payée sur les frais généraux de justice criminelle par le Receveur de l'enregistrement, conformément aux articles 2, 133 et 134 du décret du 18 juin 1811.

Fait en notre Cabinet,
le 19 mars 1906.

Nota. — Lorsqu'il y a une partie civile en cause le réquisitoire destiné au juge d'Instruction (l'exécutoire) est établi sur une feuille de papier timbré à 0.60.

PRÉFECTURE
DE POLICE

—

Service de Sûreté

—

Vu :
le Chef de la sûreté,
O. HAMARD.

Nᵒ d'enregistrement à la Comptabilité : 94.

Le soussigné HENRI, inspecteur au service de Sûreté à Paris, prie M.. . . . . juge d'instruction au Tribunal de la Seine, de vouloir bien ordonnancer le paiement de la somme de *Sept francs trente centimes,* montant des dépenses faites en frais de transports et divers pendant les journées des 15 et 16 mars courant, au cours des surveillances exercées à l'égard du nommé SOLDARINI Guiseppe, inculpé de vol.

Paris, le 17 mars 1906.

HENRI.

Nota. — A la suite d'observations faites par la Cour des comptes et exposées dans un rapport adressé à M. le Président de la République, au cours de l'année 1905, concernant le paiement des frais urgents prévus par les articles 133 et 134 du décret du 18 juin 1811, après entente entre M. le Procureur général et M. le Commissaire divisionnaire, chef du service de Sûreté, il a été décidé que pour tous les mémoires excédant une somme de *cinquante francs,* on établirait le détail.

Exemple :

1º Nourriture des agents au cours des *surveillances ininter-rompues.*

2º Voitures de place et transports divers au cours des perquisitions.

3º Faux-frais divers au cours des investigations.

11

CHAPITRE VI

RENSEIGNEMENTS DIVERS

CIRCONSCRIPTION PÉNITENTIAIRE DU DÉPARTEMENT DE LA SEINE.

Dépôt près la préfecture de police.
Conciergerie (Maison de justice).
La Santé (Maison d'arrêt cellulaire).
Fresnes les Rungis (Maison de correction cellulaire, dépôt des transférés, infirmerie centrale des prisons de la Seine).
St-Lazare (Maison d'arrêt et de correction).
Petite-Roquette (Maison d'éducation correctionnelle).

ÉTABLISSEMENTS DE DIVERSES CATÉGORIES.

(Établissements dits de courtes peines. — Maisons d'arrêt, de justice et de correction spécialement affectées au système d'emprisonnement individuel, d'après la loi du 5 juin 1875.)

Angers (Maine-et-Loire).	**Besançon** (Doubs).
Barbezieux (Charente).	**Béthune** (Pas-de-Calais).
Bayonne (Basses-Pyrén.).	**Bourges** (Cher).

Chaumont (Hte-Marne).
Corbeil (Seine-et-Oise).
Corté (Corse).
Dépôt (Seine).
Dijon (Côte-d'Or).
Etampes (Seine-et-Oise).
Foix (Ariège).
Fresnes (Seine).
Le Puy (Hte-Loire).
Lyon (Rhône).
Montauban (Tarn-et-Gar.).
Mende (Lozère).
Nanterre (Seine).
Nice (Alpes-Maritimes).

Niort (Deux-Sèvres).
Orléans (Loiret).
Pontoise (Seine-et-Oise).
Rambouillet (Seine-et-O.).
Les Sables d'Olonne (Vendée).
St-Etienne (Loire).
St-Gaudens (Hte-Garonne).
Ste-Menehould (Marne).
Santé (Seine).
Sarlat (Dordogne).
Tarbes (Htes-Pyrénées).
Tours (Indre-et-Loire).
Versailles (Seine-et-Oise).

ÉTABLISSEMENTS DITS DE LONGUES PEINES.

Maisons centrales de force. — Réclusion (Hommes).

Beaulieu (Calvados).
Thouars (Deux-Sèvres).

Melun (Seine-et-Marne).
Riom (Puy-de-Dôme).

Maisons centrales de correction (Hommes).

Clairvaux (Aube).
Nîmes (Gard).
Fontevrault (Maine et-L.).

Poissy (Seine-et-Oise).
Loos (Nord).

Maisons centrales de force et de correction (Femmes).

Montpellier (Hérault).

Rennes (Ile-et-Vilaine).

Pénitenciers agricoles.

Castelluccio (Corse).

Chiavari (Corse).

Dépôt de forçats

Saint-Martin-de-Ré (Charente-Inférieure).

> *Établissements recevant en dépôt des condamnés relégables*
> *avant leur embarquement.*
>
> **Angoulême** (Charente). | **Beaulieu** (Calvados).
> **St-Martin-de-Ré** (Ch.-Inf.). | **Rennes** (Ille-et-Vilaine)..

ÉTABLISSEMENTS D'ÉDUCATION PÉNITENTIAIRE.

> *Colonies pénitentiaires publiques* (Garçons).
>
> **Aniane** (Hérault).   **Ste-Hilaire** (Vienne).
> **Les Douaires** (Eure).   **Belle-Ile** (Morbihan).
> **Val d'Yèvre** (Cher).   **St-Maurice** et **La Motte-**
> **Auberive** (Haute-Marne).   **Beuvron** (Loir-et-Cher).
>
> *Colonie correctionnelle* (Garçons).
>
> **Eysses** (Lot-et-Garonne).
>
> *Colonies pénitentiaires privées* (Garçons).
>
> **Bologne** (Haute-Marne).   **Saint-Joseph** (Hte-Saône).
> **La Couronne** (Charente)   **Jommelières** et **Ste-Foy**
> **Mettray** (Indre-et-Loire).   (Dordogne).
> **Saint-Ilan** (Côtes-du-Nord).   **Saint-Eloi** (Hte-Vienne).
> **Bar-sur-Aube** (Aube).   **Ecole Lepeletier** de
> **Le Luc** (Var).   **Saint-Fargeau** à Mon-
> **La Loge** (Cher).   **tesson** (Seine-et-Oise).

MAISONS PÉNITENTIAIRES (Jeunes filles).

> *Établissement public.*
>
> Ecole de préservation de **Doullens** (Somme).

Etablissements privés.

Bavilliers (Belfort).   **Ste-Anne d'Auray** (Morb.).
Rouen (Seine-Inférieure).   **Montpellier** (Hérault).
Limoges (Hte-Vienne).

FIN

————

TABLE DES MATIÈRES

CHAPITRE III

Notions de procédure pénale.

CHAPITRE IV

Règles spéciales à suivre par les officiers et agents de la police judiciaire dans les missions qui leur sont confiées.

CHAPITRE V

Primes de capture. — Allocations diverses. Remboursement des frais.

CHAPITRE VI

Renseignements divers

Imp. J. Thevenot, Saint-Dizier (Haute-Marne).

Arthur ROUSSEAU, Éditeur, 14, rue Soufflot. — PARIS

EXTRAIT DU CATALOGUE GÉNÉRAL

DICTIONNAIRE-FORMULAIRE

DES PARQUETS

ET

DE LA POLICE JUDICIAIRE

PAR

G. LE POITTEVIN

DOCTEUR EN DROIT

JUGE D'INSTRUCTION AU TRIBUNAL DE LA SEINE

Ouvrage honoré d'une souscription de M. le Garde des Sceaux, Ministre de la Justice.

TROISIÈME ÉDITION

entièrement refondue et considérablement augmentée

3 forts vol. in-8° brochés de 2.800 pages environ. **40 fr.**
Les 3 vol. reliés 1/2 chagrin, reliure soignée. . . . **46 fr.**

Du même Auteur :

DICTIONNAIRE-FORMULAIRE

DE LA

SIMPLE POLICE

2 vol. in-8° brochés. . .   .   . **20 fr.**
Les 2 vol. reliés 1/2 chagrin, reliure soignée. . **24 fr.**

Imp. J. Thevenot, Saint-Dizier (Haute-Marne).

www.ingramcontent.com/pod-product-compliance
Lightning Source LLC
Chambersburg PA
CBHW070529200326
41519CB00013B/2985